HELMUT COING

Ausbildung von Elitebeamten
in Frankreich und Großbritannien

Schriften zum Öffentlichen Recht

Band 437

Ausbildung von Elitebeamten in Frankreich und Großbritannien

Von

Helmut Coing

DUNCKER & HUMBLOT / BERLIN

CIP-Kurztitelaufnahme der Deutschen Bibliothek

Coing, Helmut:
Ausbildung von Elitebeamten in Frankreich und
Großbritannien / von Helmut Coing. — Berlin:
Duncker und Humblot, 1983.
 ISBN 3-428-05325-7
 (Schriften zum öffentlichen Recht; Bd. 437)
NE: GT

Alle Rechte vorbehalten
© 1983 Duncker & Humblot, Berlin 41
Gedruckt 1983 bei Buchdruckerei A. Sayffaerth - E. L. Krohn, Berlin 61
Printed in Germany
ISBN 3 428 05325 7

Vorwort

Das Ziel der folgenden Studie ist zu untersuchen, welche Vorkehrungen unsere Nachbarländer *Frankreich* und *Großbritannien* für die Auswahl und die besondere Ausbildung des Nachwuchses für leitende Stellen in der Staatsverwaltung getroffen haben und zwar mit dem Ziel, festzustellen, welche Anregungen sich für Deutschland ergeben können. Das deutsche System der höheren Ausbildung beruht auf dem Gedanken, allgemeine Befähigungen festzustellen: im Abitur die Hochschulreife, in den juristischen Staatsexamen die Befähigung zum Richteramt oder zum höheren Verwaltungsdienst usw. Der Gedanke, durch spezielle Auswahl und besondere Ausbildung aus der Gruppe dieser allgemein Ausgebildeten eine Elite für bestimmte Funktionen des öffentlichen Lebens zu schaffen, ist unserer Tradition grundsätzlich *fremd*, jedenfalls außerhalb des Militärwesens. Auf dem Gebiet der zivilen Verwaltung haben wir nichts entwickelt, was dem Generalstab und seiner Ausbildung im militärischen Bereich entspräche.

Es fragt sich aber, ob es nicht unter den heutigen Gegebenheiten notwendig ist, unser System zu überprüfen. Bei der Besetzung etwa von Stellen in der EWG und in internationalen Organisationen hat sich gezeigt, welche Vorteile es hat, wenn ein Staat auf eine Reserve gut ausgesuchter und ausgebildeter Beamten zurückgreifen kann. Dazu kann eine Analyse der in Frankreich und Großbritannien getroffenen Vorkehrungen Anregungen geben. Auch der Erfolg und die steigende Bedeutung der Management-Schulen für die Wirtschaft deutet in diese Richtung.

Die Studie ist von den Gremien der *Fritz Thyssen-Stiftung*, insbesondere von dem Vorsitzenden ihres Kuratoriums, Herrn Dr. *Birrenbach*, veranlaßt worden. Die Stiftung hat dem Verfasser Reisen nach London (im Sommer 1980) und Paris (im Sommer 1981) ermöglicht, um das Problem an Ort und Stelle zu studieren. Sowohl bei der Civil Service Commission in London wie in der Ecole Polytechnique und der Ecole Nationale d'Administration in Paris ist er auf das liebenswürdigste empfangen worden. Der Verfasser möchte insbesondere seinen Dank sagen:

— Dr. *Allan*, First Commissioner, Civil Service Commission,

— Monsieur R. *Chelle*, Secrétaire Général E. N. A.,

— Mr. *Morgan*, Commissioner, Civil Service Commission,
— Prof. Dr. *Quaritsch*, Rektor der Verwaltungshochschule, Speyer,
— Monsieur *Serrières*, Secrétaire Général pour les études Ecole Polytechnique.

Für umfangreiche Literaturhinweise und die Herstellung von persönlichen Kontakten danke ich Herrn Professor Dr. *Dahrendorf* und Herrn Professor Dr. *Jones*, London School of Economics.

Den gleichen Dank möchte er der französischen Botschaft in Bonn, insbesondere Herrn Conseiller *Chinal*, für die Unterstützung aussprechen, die der Untersuchung gewährt worden ist.

Gelegenheit, seine Studien zu ergänzen, bot dem Verfasser ein — an sich anderen Zwecken dienender — längerer Aufenthalt in *Japan*. Er hatte dort die Möglichkeit, sich das juristische Studiensystem und die Auswahl der Richter und Verwaltungsbeamten von Professoren der Universität Kyoto, deren Gast er war, erläutern zu lassen. Hierfür sei besonders den Professoren *Ueyama* und *Kawakami* gedankt.

Inhaltsverzeichnis

I. **Das französische Ausbildungssystem** 9

  1. Vorbemerkung 9

     a) Historische Traditionen 9

     b) Der „Concours" bei Übernahme in den Staatsdienst 10

  2. Die Ecole polytechnique 11

     a) Geschichtliches 11

     b) Organisatorischer Aufbau 12

     c) Aufnahmebedingungen 13

     d) Ausbildungsgang 14

     e) Studienabschluß und Berufschancen 16

  3. Die Ecole Nationale d'Administration (E.N.A.) 18

     a) Geschichtliches 18

     b) Organisatorischer Aufbau 19

     c) Zugangsbedingungen 21

     d) Ausbildungsgang 24

     e) Abschluß und Verwendung 29

     f) Résumé 29

II. **Auswahl der Administrative Trainees in Great Britain** 31

  1. Vorbemerkungen 31

     a) Geschichtliches 31

     b) The Administration Group 34

  2. The Civil Service Commission 36

3. Das Administrative Trainee-Programm 39
   a) Auswahlprinzipien 39
   b) Das Eintrittsexamen 42
   c) Der Ausbildungsgang 44

4. Résumé 45
   a) Das Administration Trainee-Examen als Auslese einer Elite .. 45
   b) Kritik am Administrative Trainee-Verfahren 46

III. Folgerungen 49

1. Vergleichende Betrachtungen 49
2. Das deutsche Examenssystem 50
3. Postgraduate-Studium in der Bundesrepublik 51
4. Kritikpunkte 51
   a) Abitur 52
   b) Studium 53
5. Japan 54
6. Vorschläge 55

Literaturverzeichnis 57

I. Das französische Ausbildungssystem

1. Vorbemerkung

Das klassische Land der organisierten Ausbildung einer Elite von Administratoren ist wohl unbestritten Frankreich. Es verfügt seit langem über besondere, außerhalb der Universitäten stehende Anstalten, welche diesem Ziele dienen. Sie alle zu behandeln, würde den Rahmen dieser Abhandlung sprengen. Ich beschränke mich daher darauf, zwei von ihnen näher zu betrachten:

die *Ecole Polytechnique* und

die *Ecole Nationale d'Administration,*

zwei Anstalten, die als Gipfel der französischen Grandes Ecoles bezeichnet worden sind[1].

Die Ecole Polytechnique, eine Schöpfung der französischen Revolution, steht am Anfang der Entwicklung; die ENA, 1945 gegründet, am Ende. Ihre Organisation und die Programme sind weitgehend verschieden; aber sie dienen dem gleichen *Ziel:* der Ausbildung einer Elite im Interesse des französischen Staates und der französischen Nation.

Um ihre Struktur verständlich zu machen, müssen einige wenige Bemerkungen über die Entwicklung des französischen höheren Ausbildungswesens und der französischen Verwaltung vorangeschickt werden.

a) Historische Traditionen

In Frankreich sind die Universitäten, die im Mittelalter entstanden waren, in der französischen Revolution aufgehoben worden. Statt eine Reform einzuleiten, wie dies in Preußen geschehen ist, versuchten die revolutionären Regierungen ein vollkommen neues System von Bildungseinrichtungen zu schaffen. Dieser Versuch erhielt dann durch *Napoleon* einen gewissen Abschluß. Er beruhte auf dem Gedanken, die für Staat und Gesellschaft notwendigen wissenschaftlichen Kenntnisse auf selbständigen Spezialanstalten zu vermitteln, die auf die Bedürfnisse bestimmter Berufe oder Berufszweige ausgerichtet waren. So sind z. B. Akademien für Medizin und Rechtsschulen, später auch für tech-

---

[1] *Frèches,* p. 105.

nische Disziplinen geschaffen worden. Schon vorher hatte man aber das Bedürfnis empfunden, eine höhere Bildungsanstalt für alle Berufe zu schaffen, die physikalisch-mathematische Kenntnisse voraussetzten. Dieser Gedanke wurde 1794 durch die Gründung der Ecole Polytechnique verwirklicht — von dem gleichen Convent, welcher die Schließung der alten Universitäten beschlossen hatte. Damit war eine Entwicklung eingeleitet, die auch späterhin das französische Bildungssystem stark beeinflußt hat: neben und über den allgemein bildenden Schulen und auch neben und über den normalen Universitäten Anstalten für besondere Berufsbereiche zu schaffen, die eine hochstehende, wissenschaftlich fundierte Ausbildung vermitteln: die sog. *Grandes Ecoles*. Es gibt sie vor allem, aber nicht ausschließlich im Bereich der technischen Berufe. Man darf daneben eine so berühmte Anstalt wie die Ecole Normale Supérieure nicht vergessen, die für die Ausbildung der französischen Lehrer so Entscheidendes geleistet hat. Sowohl die Ecole Polytechnique wie die ENA gehören zu dieser Gruppe.

Alle diese Anstalten sind nun von Anfang an dadurch ausgezeichnet gewesen, daß sie nicht ohne weiteres jedem offenstanden, der eine gewisse allgemeine Mindestqualifikation auszuweisen hatte, wie etwa das Abitur in Deutschland. Es gibt vielmehr ein System rigoroser *Eintrittsexamina*. Die Anstalten nahmen und nehmen jeweils nur so viele Studenten auf, als Studienplätze frei sind. Wer aufgenommen wird, wird durch ein Examen bestimmt, das zu einer Rangliste der Bewerber führt, und die Besten dieser Rangliste werden akzeptiert. Dies ist das Wesen des französischen „Concours". Das Entscheidende ist, daß das Examen der Besetzung bestimmter Plätze dient; es bestehen nur so viele Kandidaten, wie Plätze zu vergeben sind. Die Schulen haben infolgedessen von Anfang an nur mit einer ausgesuchten Studentenschaft zu tun.

b) Der „Concours" bei Übernahme in den Staatsdienst

Der Gedanke des Concours spielt in Frankreich aber nicht nur bei dem Zugang zu Ausbildungsanstalten eine Rolle: er hat auch für die Besetzung von Beamtenstellen eine entscheidende Bedeutung erlangt. Im Ancien Régime waren die Ämter käuflich gewesen und damit vielfach auch vererblich. Nach der französischen Revolution wurde dieses System abgeschafft; zunächst wurde aber kein rationales System der Beamtenauswahl entwickelt. Nach 1870 sind jedoch nach und nach immer mehr Zweige der französischen Verwaltung dazu übergegangen, offene Stellen durch Concours zu besetzen. Es wurde jedoch kein einheitlicher und allgemeiner Concours für die gesamte Verwaltung eingeführt; vielmehr verlief die Entwicklung unterschiedlich für die verschiedenen „Corps d'Etat". Hierbei handelt es sich um Beamtengruppen, die jeweils bestimmten Verwaltungsaufgaben und Behörden zugeordnet sind und die grundsätzlich gegeneinander abgeschlossen sind, so daß man nicht von einer in die andere übertreten kann. Solche Corps sind etwa der Conseil d'Etat (zugleich beratendes Organ bei der Gesetzgebung und höchstes Verwaltungsgericht), die Inspection de finance oder das Corps préfectoral, welches aus den Beamten der lokalen Staatsverwaltung (Präfekturen, Unterpräfekturen) besteht.

Für die letzte Gruppe wurde das Concours-Verfahren z. B. erst 1920 eingeführt[2]. Diese Entwicklung dürfte damit zusammenhängen, daß Frankreich seit 1870 eine Demokratie ist. Das System des Concours schien es zu erlauben, den Gedanken einer Elite-Auswahl mit dem der Gleichheit zu *versöhnen*. Es darf daran erinnert werden, daß ja auch in England das System der Eintrittsexamen mit diesem Gedanken zusammenhängt. Für Frankreich hat man nicht mit Unrecht gesagt, daß das System des Concours die Käuflichkeit der Ämter, die im Ancien Régime bestanden hatte und die Besetzung nach Connexionen, wie sie im frühen 19. Jahrhundert praktiziert wurde, ersetzt hat.

Mit dieser sozusagen „doppelten" Verwendung des Concours — als Eintrittsexamen in Bildungsanstalten und als Mittel zur Auswahl für die Besetzung bestimmter Ämter — ergibt sich nun die Möglichkeit einer Kombination: eine Anstalt zu schaffen, die durch einen Eintrittsconcours ihre Schüler auswählt, deren Abschlußexamen dem Kandidaten aber zugleich das Recht auf bestimmte Stellungen im Staatsdienst gibt, also insofern an die Stelle des Einzelconcours im Rahmen der Verwaltung tritt. Diese Kombination ist bei der ENA und bei der Ecole Polytechnique gegeben. Diese Schulen sind Bildungsanstalten, die unmittelbar auch dazu dienen, den *Nachwuchs* für bestimmte Staatsstellen auszuwählen, ein Instrument der Elitebildung in diesem klar umrissenen Sektor.

2. Die Ecole polytechnique

a) Geschichtliches

Die Ecole polytechnique ist am 11. 3. 1794 durch Beschluß des Konvents gegründet. Der ursprüngliche Zweck war: "former des élèves pour le service de l'artillerie, du génie militaire, des ponts et chaussées et constructions civiles, des mines, des constructions de vaisseaux et bâtiments de mer, de la topographie, et en même temps pour l'exercice libre des professions qui nécessitent des connaissances mathématiques et physiques".

---

[2] Zu dem System der Grands Corps vgl. *Quaritsch*, p. 218; zur Einführung des Concourssystems allgemein *Frèches*, p. 124.

Napoléon gab der Schule 1804 ein militärisches Statut, das die Schule bis heute behalten hat. Der Direktor ist ein General, die Schüler haben militärischen Status (militaires en activité de service).

Bis 1976 befand sich die Schule in Paris. In diesem Jahr wurde sie nach Palaiseau verlegt.

b) *Organisatorischer Aufbau*

Die Organisation der Schule beruht auf einem Gesetz (derzeit Gesetz Nr. 70-631 vom 15. Juli 1970). Das Gesetz definiert die Aufgabe der Schule folgendermaßen:

Art. 1 — L'Ecole polytechnique a pour mission de donner à ses élèves une culture scientifique et générale les rendant aptes à occuper, après formation spécialisée, des emplois de haute qualification ou de responsabilité à caractère scientifique, technique ou économique dans les corps civils et militaires de l'Etat et dans les services publics et, de façon plus générale, dans l'ensemble des activités de la Nation.

Die Verwaltung besteht aus einem Conseil d'Administration und einem Stab unter Leitung eines Directeur général. Der Verwaltungsrat entscheidet über die innere Organisation und die Arbeit der Schule sowie über die Organisation und die Methoden des Unterrichts und das Programm. Ebenso organisiert er den Concours für die Zulassung zu der Schule und entscheidet über die Auswahl des Lehrkörpers. Der Directeur général bereitet die Entscheidungen des Verwaltungsrates vor und führt sie aus. Während der Directeur général ein Offizier im Generalsrang ist, setzt sich der Verwaltungsrat vorzüglich aus Leitern der großen Staatsunternehmen, Direktoren einiger großen technischen Schulen, Professoren und Vertretern der Schüler zusammen. Sein Präsident ist derzeit der Délégué général der Electricité de France.

Der Lehrkörper umfaßt etwa 150 Lehrkräfte, sie sind zum Teil hauptamtlich, zum Teil nebenamtlich angestellt. Die Posten der Professoren und der Maîtres de conférence sind sehr gesucht, da sie gut bezahlt werden. Man hat mir gesagt, daß auf eine Vakanz etwa 40 Bewerber auftreten. Die Professoren, die nebenamtlich beschäftigt sind, sind meistens Universitätsprofessoren. Daneben gibt es noch etwa hundert sogenannte „orateurs", die nur einzelne Vorträge oder Seminare halten. Dieses Lehrpersonal steht für 600 Schüler zur Verfügung.

Die Schule ist jetzt außerhalb von Paris in einer Entfernung von etwa 30 km vom Zentrum von Paris untergebracht. Sie liegt vollkommen für sich auf einem Hochplateau der Ile de France und ist außerordentlich luxuriös ausgestattet. Das Gelände umfaßt 155 ha, zum Teil Wiesen, zum Teil Wald. Die Schule ist auf eine Reihe von Gebäuden verteilt, die alle im modernen Stil sehr geschmackvoll errichtet sind. Ein großer See ermöglicht Wassersport; für die Gäste der Schule steht ein Hotel zur Verfügung. Die Schüler sind in Einzelzimmern untergebracht; für Verheiratete sind kleine Appartements vorgesehen. Bibliothek und Hörsäle befinden sich in dem sehr großzügig gebauten Hauptgebäude, eine große Sporthalle mit Sälen für Tennis, Leibesübungen und Schwimmbad stehen zur Verfügung. Die Bibliothek umfaßt etwa 300 000 Bände. Das ganze Ensemble ist mit einem diskreten Luxus ausgestaltet und erlaubt eine Lebensführung, wie ich sie selbst von reichen amerikanischen Universitäten nicht kenne.

c) Aufnahmebedingungen

Die Schule nimmt jährlich 300 Schüler auf, eine sogenannte promotion. Sie hat im ganzen also 900 Schüler, ein Drittel der Schüler befindet sich jedoch außerhalb der Schule, weil die Schüler ihren Militärdienst im ersten Jahr ableisten müssen.

Die Schüler kommen von den Höheren Schulen und dürfen bei ihrer Aufnahme nicht jünger als 17 und nicht älter als 22 Jahre sein. Es gibt zwei *Zulassungswege,* die voie normale und die voie complémentaire. Bei der letzten handelt es sich darum, daß einige Plätze für Bewerber vorbehalten sind, die aus den Vorbereitungskursen anderer großer technischer Schulen hervorgingen. Hier ist nur der normale Zugangsweg näher zu erörtern.

Die Bewerbung setzt voraus, daß der Bewerber ein normales Baccalaureat einer Höheren französischen Schule abgelegt hat. Theoretisch kann sich jeder Abiturient präsentieren. Es wird jedoch dringend empfohlen, die besonders für die Vorbereitung auf die Zulassung zur Schule eingerichteten *Vorbereitungskurse* zu besuchen; man hat mir versichert, daß jemand, der diese Vorbereitungskurse nicht besucht hat, kaum Chancen hat, aufgenommen zu werden. Diese Kurse erstrecken sich auf die Hauptfächer der Schule selbst, d. h. Mathematik oder Physik und dauern zwei Jahre. Sie werden an besonders ausgesuchten Schulen (sog. centres) abgehalten und zwar von Studienräten, die an diesen Schulen angestellt sind. Nur Schüler mit guten Leistungen werden überhaupt in diese Vorbereitungskurse aufgenommen.

Das *Aufnahmeverfahren* besteht aus zwei Abschnitten. Zunächst werden an verschiedenen von der Schule bestimmten Centren in der Provinz Klausuren abgenommen, sog. épreuves écrites. Es handelt sich um zwei Mathematikklausuren von je vier Stunden Dauer, zwei Physikklausuren von je drei Stunden Dauer, einer Klausur in Chemie, ebenfalls drei Stunden und schließlich einen französischen Aufsatz, ebenfalls in drei

Stunden. Ferner muß ein Aufsatz und eine Übersetzung in einer Fremdsprache (1½ bzw. 1 Stunde) und eine graphische Darstellung gemacht werden.

Als Fremdsprachen kommen Englisch, Russisch oder Deutsch in Betracht. Der Schüler erhält eine bestimmte Anzahl von Punkten für jede Arbeit; auf dieser Grundlage wird zunächst darüber entschieden, ob der Kandidat admissible ist, d. h. zur Aufnahmeprüfung zugelassen wird.

Der zweite Teil des Examens umfaßt mündliche Prüfungen in Mathematik, Physik, Chemie, einer Fremdsprache, in Französisch sowie im Sport. Auf der Grundlage der wieder in bestimmten Punkten festgelegten Examensergebnisse werden die Kandidaten in der Reihenfolge ihrer Ergebnisse festgestellt, sog. classement. Dies geschieht durch die Jury d'Admission.

Aufgrund dieses classement werden die Schüler nunmehr nach Maßgabe der freien Plätze (in der Regel 300) durch den Minister formell zum „Elève" der Ecole Polytechnique ernannt. Überblickt man diesen Ausbildungsgang, so muß man sagen, daß schon derjenige, der aufgenommen wird, über besondere geistige Fähigkeiten und durch Fleiß erworbene Kenntnisse verfügen muß. Schon der Weg von der Schule bis zum bestandenen Examen stellt *Anforderungen,* mit denen man in Deutschland in unserem Unterrichtssystem nichts vergleichen kann.

d) Ausbildungsgang

Das *Ziel der Ausbildung* auf der Schule selbst geht dahin, dem Schüler eine allgemeine naturwissenschaftliche Bildung gehobenen Niveaus (Formation scientifique générale de niveau élevé) zu geben, wobei die Mathematik im Vordergrund steht. Diese naturwissenschaftliche Allgemeinbildung wird ergänzt durch einzelne Kurse aus dem Bereich der Geistes- und Sozialwissenschaften sowie eine energisch betriebene sportliche Ausbildung. Als Ziel hat man sich vorgesetzt:

"... d'accroître leurs qualités d'homme d'action et de pensée: aptitude à l'effort intellectuel, facultés d'assimilation et d'adaption, qualités d'ordre et de méthode, sens de la discipline et des responsabilités. La vie à l'Ecole crée en outre un langage et une camaraderie qui facilitent en cours de carrière les contacts et la compréhension entre les anciens élèves répartis dans l'ensemble des activités de la Nation, qu'ils soient ingénieurs, chercheurs, officiers ou administrateurs.

Le sens du service public doit être la marque commune des anciens élèves. Il trouve son expression la plus directe dans les corps civils et militaires de l'Etat dont le recrutement constitue la vocation prioritaire de l'Ecole."

Das Ziel ist also, hohe intellektuelle naturwissenschaftliche Ausbildung mit der Formung des Charakters und der Bereitschaft zum Dienst

2. Die Ecole polytechnique

am Staat und zur Übernahme von Verantwortung zu verbinden. Es handelt sich nicht um eine rein intellektuelle, sondern ebenso sehr um eine moralisch, charakterliche Erziehung, und man hat mir bei meinem Besuch versichert, daß gerade auch diese Seite in die Gesamtbeurteilung eingeht. Dies wird auch dadurch sichergestellt, daß die Schüler militärisch organisiert, in Kompagnien zusammengefaßt sind und auch von ihren militärischen Vorgesetzten beurteilt werden.

Die Ausbildung auf der Schule gliedert sich in zwei Abschnitte: Im 1. Jahr leisten die aufgenommenen Schüler ihren Militärdienst ab. Sie treten zunächst als Reserveoffiziersanwärter in Militärschulen ein; danach haben sie Truppendienst abzuleisten.

Erst im 2. Jahr beginnt die eigentlich wissenschaftliche Ausbildung. Sie dauert zwei Jahre; jeder Schüler kann dabei wählen, ob er das Schwergewicht auf Mathematik oder auf Physik legen will. Außerdem werden noch Chemie, Mechanik, Informatik und Biologie unterrichtet. Aus dem Bereich der Sozialwissenschaften wird Nationalökonomie unterrichtet, die Themen aus dem Bereich der Geisteswissenschaften sind verschieden. Jeder Kandidat muß außerdem eine Fremdsprache zu beherrschen lernen; hierbei sind Englisch, Russisch und Deutsch zugelassen. Einen erheblichen Teil der Ausbildung nehmen sportliche Veranstaltungen ein.

Etwa drei Viertel der gesamten angebotenen Kurse sind für alle Schüler obligatorisch. Ein Viertel der Veranstaltungen entfällt auf ausgewählte Fächer. Dadurch ist die Gleichmäßigkeit der Gesamtausbildung gewährleistet.

Was die Form der Ausbildung angeht, so besteht sie aus *Vorlesungen*, die von sogenannten „petites classes" begleitet sind. Die Vorlesungen werden von Professoren gehalten und dauern eine Stunde. Die begleitenden Kurse werden von Maîtres de conférence geleitet, wobei keine der petites classes mehr Studenten umfaßt als zwanzig. Der Unterricht in diesen begleitenden petites classes dauert jeweils zwei Stunden. Das System des Unterrichts besteht also wesentlich in dieser Kombination von Hauptvorlesung und Begleitkursen. Dagegen ist ein tutorial englischer Art nicht vorgesehen. Man hält es für richtiger, die intensive Ausbildung in den kleinen Gruppen vornehmen zu lassen. Ich gebe als Beispiel das Thema eines Kurses in Mathematik.

Mathématiques I: Calcul intégral et espaces fonctionnels
Professeur M. *Yves Meyer*

Cet enseignement débute par une présentation succinte de l'intégrale de Lebesgue et une déscription des espaces fonctionnels les plus usuels (espaces de Banach et de Hilbert; exemples divers, en particulier les espaces L^p, C^k ...). Le cours ce poursuit par l'étude des propriétés spéciales aux espaces de

Hilbert (projections, dualité, bases ...) et à leurs opérateurs linéaires (théorie spectrale des opérateurs auto-adjoints).

Ces notions sont appliquées à l'étude de la transformation de Fourier dans divers cas (intégrales et séries de Fourier) et à la résolution d'équations intégrales.

Der Förderung der Allgemeinkultur der Zöglinge dienen Vorlesungen und Seminare. Ich erwähne als Vorlesungen aus dem Bereich der diesem Zweck dienenden Vorlesungen das folgende Programm:

Cours magistraux

Trois séries au choix par semestre comportant des conférences destinées à donner des éclairages sur l'état du savoir dans une discipline ou à la frontière de plusieurs disciplines.

1er semestre:	Vie économique et Sociale.
	Initiation à la politique.
	Art et achitecture.
2ème semestre:	Science et idéologie.
	Histoire et temps présent.
	Culture moderne.
3ème semestre:	L'évolution de l'homme.
	Nouvelles perspectives de l'histoire.
	Philosophie.

e) Studienabschluß und Berufschancen

Die Ausbildung wird mit der Verleihung des Titels Ingénieur diplômé de l'Ecole Polytechnique beendet, die jeweils im Journal officiel der französischen Republik veröffentlicht wird.

Die Grundlage für die Beurteilung ist nicht ein Abschlußexamen, sondern die *laufende Benotung* der Leistungen des Schülers durch seine Professoren, die Maîtres de conférence, die Vorgesetzten usw. Aufgrund dieser Unterlagen entscheidet zunächst eine sogenannte Jury de Passage, ob der Schüler nach seinen Leistungen zum Unterricht im zweiten Jahr zugelassen werden kann. Diese Jury kann den Schüler auch ausschließen oder ihm auferlegen, daß er die Kurse des ersten Jahres wiederholt. Darüber, ob ein Zögling das Ziel der Schule, also die Ernennung zum Ingénieur diplômé de l'Ecole Polytechnique, erreicht, entscheidet dann eine Jury de sortie. Diese nimmt aufgrund der Noten, die der einzelne Zögling erhalten hat, wieder ein sogenanntes classement vor, d. h. sie ordnet die Zöglinge einer Promotion in der Reihenfolge ihrer Leistungen ein. Dieses classement ist entscheidend dafür, welche Plätze dem einzelnen Zögling, der sich für den Staatsdienst entscheidet, zur Auswahl stehen (wie stets bei dem französischen concours). Wer am besten abgeschnitten hat, kann sich die gesuchtesten Plätze aussuchen. Den Absolventen der Schule stehen verschiedene Möglichkeiten offen. Zunächst sind den Absolventen der Schule gewisse *Stellen* in der Armee und in den technischen Diensten und Unternehmen des Staates *reserviert,* sog. Corps de l'Etat. Im einzelnen handelt es sich dabei um folgende Organisationen:

Corps civiles militaires de l'état

Les Corps de l'état régulièrement des places sont les suivants:
— corps d'officiérs des armées (terre, air, marine, gendarmerie), de l'air et du commissariat de la marine;
— corps des ingénieurs de l'armement;
— corps des ingénieurs du génie rural et des eaux et forêts;
— corps des ingénieurs géographes;
— corps des ingénieurs du service des instruments de mesure;
— corps des ingénieurs des mines;
— corps des ingénieurs de l'aviation civile;
— corps des ingénieurs des ponts et chaussées;
— corps des ingénieurs des télécommunications;
— corps des administrateurs de l'institut national des statistiques et des études économiques;
— corps du contrôle des assurances;
— Ecole nationale d'administration (corps recrutant par cette Ecole).

Bevor die Absolventen der l'Ecole Polytechnique aber in diese Dienste eintreten, müssen sie noch weitere zwei Jahre auf spezialisierten technischen Schulen (Ecole de Formation complémentaire) studieren. Aufgrund des Diploms der Ecole Polytechnique sparen sie damit allerdings ein Jahr der normalen Ausbildung an diesen Schulen, die sonst drei Jahre beträgt. Es tritt hier wieder hervor, daß die Ecole Polytechnique sich als eine allgemeinbildende naturwissenschaftliche Anstalt versteht und die Spezialausbildung daher den fortführenden Schulen überläßt. Erst nach Absolvierung dieser fortführenden spezialisierten Schulen treten die Zöglinge dann in den Staatsdienst ein.

Andererseits können die Absolventen auch nach Erwerb des Diploms unmittelbar in die Industrie gehen oder in die Forschung, wo sie in die Kurse für das Staatsdoktorat eintreten. Die Schule selbst bereitet sie auch für Tätigkeiten in der Forschung dadurch vor, daß es in Laboratorien besondere Forschungskurse gibt.

Was die Verteilung angeht, so hat man mir gesagt, daß im letzten Jahr 140 Absolventen in den Staatsdienst gegangen sind, also etwa die Hälfte, während die andere Hälfte in die Wirtschaft oder die Forschung gegangen ist. Bei der letzten Promotion haben sich 35 für die Forschung entschieden; die Schule möchte jedoch die Zahl der künftigen Forscher erhöhen und strebt an, daß etwa ein Fünftel einer Promotion, also 60, diesen Berufsweg ergreifen.

Zusammengefaßt wird man sagen müssen, daß die Ecole Polytechnique auf ihrem Gebiet eine Eliteschule ist, die eine einzigartige naturwissenschaftlich mathematische *Allgemeinbildung* mit der Erziehung von verantwortungsbewußten Staatsdienern *verbindet*.

3. Die Ecole Nationale d'Administration (E.N.A.)[3]

a) Geschichtliches

Die E.N.A. ist nach dem II. Weltkrieg durch Dekret vom 9. Oktober 1945 durch General *de Gaulle* gegründet worden. Einer der Förderer des Gedankens einer solchen Ausbildungsstätte war *Michel Debré*, späterer Ministerpräsident unter *de Gaulle* und führender Politiker des Gaullismus. Der Gedanke einer solchen Schule war schon einmal für kurze Zeit unter der II. Republik verwirklicht worden. Damals lag der Gedanke zugrunde, Nachwuchs für eine republikanisch eingestellte Verwaltung zu schaffen. Diese Schule, kurz nach der Februar-Revolution 1848 gegründet, hat jedoch praktisch nur sechs Monate funktioniert und wurde 1849, als die konservativen Parteien an die Macht gelangt waren, wieder geschlossen. In der Zeit der III. Republik gab es eine private Ecole des Sciences Politiques, die in der Ausbildung der französischen Verwaltungsbeamten eine bedeutende Rolle gespielt hat. Auf ihr bereiteten sich die künftigen leitenden Beamten auf die Concours für die Stellen in den Grands Corps d'Etat und der Verwaltung vor[4].

Die Gründungszeit der Schule war auch für Frankreich eine Periode großer Schwierigkeiten. Der staatliche Verwaltungsapparat war nach dem Zusammenbruch der III. Republik 1939, dem Vichy Régime und der Besatzungszeit neu aufzubauen. Diese Aufgabe verband sich für General *de Gaulle* mit seiner Auffassung von der *Würde* und *Selbständigkeit* der Staatsverwaltung als einer über den Interessenkämpfen der Gesellschaft stehenden, dem Gemeinwohl verpflichteten Organisation, ein Instrument in die Hand des Staatschefs als „arbitre" der politischen Welt. *Thuillier* hat die Absicht, welche die Regierung mit der Gründung der E.N.A. verfolgte, folgendermaßen umschrieben: "relever le niveau général des cadres administratifs, donner une certaine cohésion à l'administration face au pouvoir politique, démocratiser le recrutement des 'Grandes Corps'."[5]

---

[3] Hierzu vergleiche in Deutschland vor allem die Abhandlung von *Quaritsch*, p. 217 ss.

[4] *Frèches*, p. 125 ss.

[5] *Thuillier*, p. 64.

3. Die Ecole Nationale d'Administration (E.N.A.)

Es gelang *Debré*, für diese Idee schnell die Zustimmung der damaligen beratenden Versammlung zu gewinnen und seinen Plan zu verwirklichen. Seitdem arbeitet die Anstalt — nicht unumstritten —, wie alle Institutionen, aber von den meisten anerkannt und bewundert. Die Ereignisse des Mai 1968 haben die Schule nicht berührt. Eine größere *Reform* wurde 1972 durchgeführt; sie hat insbesondere zur Einführung eines spezifisch wirtschaftswissenschaftlich ausgerichteten Curriculum neben dem verwaltungswissenschaftlich-juristischen geführt.

Das *Ziel* der jetzigen Schule ist, junge Verwaltungsbeamte auszubilden, die die Fähigkeit erworben haben, sich rasch auch in neue Probleme der Verwaltung einzuarbeiten und die daher der Idee nach universal verwendbar sind. Das Ziel ist, wie mir gesagt wurde, ein „Generalist" und ein Beamter, der auch noch im Jahre 2000 in der Verwaltung mit Nutzen eingesetzt werden kann. Er soll vor allen Dingen lernen, Probleme zu analysieren, schöpferische Phantasie zu haben, die es ihm erlaubt, geeignete Lösungen zu finden; also in diesem Sinne über Ideenreichtum verfügen und klar *entscheiden* können: "apprendre à décider"[6]. Moralisch soll er bereit sein zu dienen, ohne primär an Karriere und Besoldung zu denken, er soll erfüllt sein vom esprit de corps, einer dem Staat dienenden Verwaltung, aber auch bereit, auf die Probleme der Bevölkerung einzugehen und ihr Vertrauen zu erwerben. Bei ihren Beurteilungen trägt die Schule den Erwartungen Rechnung, die man in den künftigen Staatsdiener setzen kann.

Zu diesen Zwecken hat man die E.N.A. als besondere Ausbildungsstätte geschaffen. Sie stellt hohe Anforderungen, und es ist schwierig, in die Schule aufgenommen zu werden. Auf der anderen Seite stehen demjenigen, der sie erfolgreich absolviert, aber auch erfolgversprechende Karrieren in den wichtigsten Staatsverwaltungen offen. Für die Absolventen der Schule werden von vornherein in diesen Verwaltungen bestimmte Stellungen *reserviert,* so daß auf der einen Seite der Absolvent eine gesicherte Karriere vor sich sieht, auf der anderen Seite die Staatsverwaltung sicher ist, über eine Anzahl hervorragend begabter und gleichmäßig ausgebildeter Nachwuchskräfte zu verfügen, auf die sie für schwierige Aufgaben jederzeit zurückgreifen kann.

b) *Organisatorischer Aufbau*

Die E.N.A. ist eine Anstalt öffentlichen Rechts, die unmittelbar dem Président de Conseil, also dem Ministerpräsidenten, unterstellt ist. Diese unmittelbare Unterstellung ist für die Wirkungsmöglichkeit der Schule von großer Bedeutung. Die Tatsache, daß sie *keinem* Fachministerium, auch nicht dem Unterrichtsministerium untersteht, sichert ihr eine

---
[6] *Frèches*, p. 72.

außerordentliche Beweglichkeit, Unabhängigkeit und Einflußmöglichkeit, die ihr sonst kaum eröffnet wären.

Was die innere Organisation angeht, so wird die Schule von einem Verwaltungsrat (Conseil d'Administration) und einem Directeur geleitet. Diesem sind wieder beigegeben ein Directeur des stages und ein Directeur d'études, beide mit dem entsprechenden Hilfspersonal. Auf ihre Funktionen wird noch im einzelnen einzugehen sein.

Der Verwaltungsrat wird von der Staatsregierung durch Dekret ernannt. Vorsitzender ist der Vizepräsident des Conseil d'Etat, also jener berühmten Behörde, die die Funktionen eines juristisch politischen Ratgebers der Regierung mit denen des Obersten Verwaltungsgerichtes des Landes vereinigt. Im übrigen gehören ihm an: zwei Professoren der Universitäten oder der Forschungsinstitute, sechs höhere Beamte aus den Verwaltungen, in welche die Absolventen der Schule eintreten, drei Persönlichkeiten aus dem öffentlichen Leben, die nicht der Verwaltung oder den Universitäten angehören, zwei Mitglieder, die von den Beamten-Gewerkschaften vorgeschlagen worden sind, ein früherer Absolvent der Schule auf Vorschlag der Vereinigung der früheren Schüler der E.N.A., ein früherer Schüler, der die Schule erst vor kurzer Zeit (höchstens fünf Jahre) verlassen hat, ein Mitglied des Lehrkörpers und ein Vertreter des Verwaltungspersonals der Schule.

Neben dem Verwaltungsrat gibt es noch einen sogenannten Conseil d'Orientation, welcher mindestens zweimal im Jahr zusammentritt, um das Programm der Ausbildung zu beraten; ihm sitzt der Direktor der Schule vor.

Die *Organisation* der Schule ist durch Regierungsverordnung geregelt; derzeit gilt das Dekret Nr. 71-787 vom 21. September 1971, veröffentlicht im Journal Officiel vom 23. September 1971.

Die Zusammensetzung des Verwaltungsrats sichert nicht nur den Zusammenhang der Schule mit Angehörigen der beteiligten Staatsverwaltungen, sie zeigt auch, daß man in Frankreich (ähnlich wie in England) diese Ausbildungsstätte Beamten vom höchsten Rang anvertraut hat — vielleicht der deutlichste Beweis dafür, welche *Bedeutung* man dem Funktionieren einer solchen Schule beilegt. Der Lehrkörper setzt sich wie bei der Ecole Polytechnique aus hauptamtlich und nebenamtlich Tätigen zusammen. Die Mitglieder des Lehrkörpers werden vom Direktor der Schule ernannt, nachdem der Verwaltungsrat sich über die vom Direktor gemachten Vorschläge geäußert hat.

Die Schule befolgt das Prinzip, mit möglichst wenig hauptamtlichen Lehrkräften auszukommen, um die Zusammensetzung des Lehrkörpers dem jeweiligen Ausbildungsprogramm *anpassen* zu können. Den Haupt-

3. Die Ecole Nationale d'Administration (E.N.A.)

anteil des Lehrkörpers stellen daher Persönlichkeiten, die nur nebenamtlich und auf Zeit an der Schule tätig sind. Sie werden vom Direktor je nach der inhaltlichen Gestaltung des Ausbildungsprogramms ausgesucht, und es handelt sich dabei hauptsächlich um hohe Verwaltungsbeamte der Pariser Ministerien und sonstigen Staatsbehörden. Es liegt auf der Hand, daß die mit diesem System erreichte *Beweglichkeit* von großer Bedeutung für die Wirksamkeit der Schule ist. Durch dieses System ist jene veränderliche Zusammensetzung der Mitarbeiter erreicht, um die wissenschaftliche Ausbildungs- und Forschungsstätten sich sonst in der Regel vergeblich bemühen.

c) Zugangsbedingungen

Diese sind durch das schon erwähnte Dekret von Nr. 71-787 vom 21. September 1971 geregelt, welches übrigens auch den *Inhalt* der Ausbildung selbst, die sog. scolarité, bestimmt.

Der Eintritt in die Schule beruht auf einem Concours, d. h. also, wie dargelegt, einem Examen, bei dem nur so viele bestehen, als zu besetzende Plätze vorhanden sind. Die Concours werden im einzelnen jedes Jahr durch Arrêté ministériel festgelegt, welches auch die Themen der einzelnen Prüfungsstadien bestimmt.

Es finden jedes Jahr zwei Concours statt, die je einer bestimmten Gruppe von Anwärtern offenstehen, die sog. Externen und die Internen. Der 1. (Externe) ist für Bewerber im allgemeinen vorgesehen; der Interne steht Bewerbern offen, die sich bereits im öffentlichen Dienst befinden (fonctionnaires, agents publics).

Was den *Concours externe* angeht, so sind ähnlich wie bei der Ecole Polytechnique besondere Vorbereitungskurse in Paris und der Provinz von der Schule selbst organisiert. Die Bewerber müssen unter 25 Jahre sein und bestimmte Diplome vorweisen können. In der Regel Abschlußzeugnisse der Grundkurse der Universitäten, also z. B. die licence en droit. In der Regel, wurde mir erläutert, handelt es sich um Juristen oder Wirtschaftswissenschaftler. In den letzten Jahren hat jedoch auch die Zahl der Bewerber aus dem Bereich der facultés des lettres zugenommen.

Ein großer Teil der Bewerber besucht Kurse des Institut d'Etudes Politiques in Paris, um sich auf den Eintrittsconcours der E.N.A. vorzubereiten. Der Versuch, auch den in Provinzen vorgesehenen Vorbereitungszentren größere Bedeutung zu geben, scheint nicht erfolgreich gewesen zu sein.

Vorausgesetzt werden neben juristischen bzw. ökonomischen Kenntnissen vor allem gute Allgemeinkenntnisse in *Zeitgeschichte*, Demgegenüber spielt eine Allgemeinbildung im klassischen Sinne offenbar eine zunehmend geringere Rolle. In den ersten Jahren sind auch Teilnahme am Krieg, in der Résistance, berücksichtigt worden. Dies hat aber — je länger der Krieg zurückliegt — seine Bedeutung naturgemäß verloren.

Da die Schule, wie noch zu erläutern sein wird, inhaltlich *zwei* Ausbildungswege anbietet, einen eher juristisch, einen anderen mehr wirtschaftswissenschaftlich orientierten (sog. voies), gibt es dem Inhalt nach auch zwei Concours, von denen der eine juristisch, der andere wirtschaftswissenschaftlich ausgerichtet ist. Die Bewerber müssen zunächst sechs mehrstündige Klausuren schreiben, nach denen zunächst entschieden wird, ob sie überhaupt zur eigentlichen Aufnahmeprüfung zugelassen werden. Es handelt sich also bei diesem ersten Teil der Prüfung um die Frage der admissibilité. Ich gebe als Beispiel für die Themen einen Auszug über die ersten beiden Klausuren im öffentlichen Recht:

Première épreuve et deuxième épreuve

Droit public

Les différents éléments du programme sont considérés dans leurs aspects actuels, mais il sera également tenu compte dans leur interprétation de l'évolution des institutions politiques et administratives françaises depuis 1789. De même, les institutions politiques seront envisagées dans une perspective comparative, par référence, notamment à la Grande-Bretagne, aux Etats-Unis, à l'Allemagne fédérale et à l'URSS.

I. Droit constitutionnel et institutions politiques

A. L'Etat moderne

La souveraineté politique et ses modes d'expression.
Les différents types de constitution et le contrôle de constitutionnalité des lois.
Les régimes électoraux.
Les partis politiques.
Les libertés publiques et les droits politiques, économiques et sociaux (principes généraux).

B. Les régimes politiques

L'évolution politique de la France depuis la III. République.
Les institutions politiques actuelles de la France.
Les différents types de régime politique.

II. Droit administratif et institutions administratives

A. Les structures et le fonctionnement
de l'administration française

Les administrations centrales; la coordination interministérielle; les rouages administratifs de la planification française.
Les circonscriptions territoriales de l'Etat.

Les collectivités locales et les établissements publics.
L'Etat et les collectivités publiques; déconcentration et décentralisation; contractualisation.
Le secteur public et parapublic, les "démembrements" de l'administration.
Les relations de l'administration et du public (notamment la participation, l'administration consultative, les comités d'usagers, le médiateur).
La recherche de l'efficacité et les préoccupations de rentabilité dans l'administration française.

B. Les agents de l'administration

Les diverses catégories d'agents.
Les problèmes généraux de la fonction publique: statut, recrutement, obligations, responsabilités et droits des fonctionnaires, procédures de consultation.

C. L'action de l'administration

Les fonctions de l'administration: la théorie générale des services publics et de la police administrative.
L'acte administratif unilatéral.
Les contrats administratifs (et notamment les marchés publics).
Les biens: expropriation, domaine, travaux publics.
Le droit de l'urbanisme et de l'aménagement du territoire.
Le droit de l'interventionnisme économique.

D. La justice administrative

L'organisation judiciaire française et la justice administrative.
Le principe de légalité et les sources du droit administratif.
Le principe de séparation des autorités administratives et judiciaires.
La juridiction administrative.
Les recours en annulation.
La responsabilité de l'administration.

Hierzu kommen aber noch Klausuren über ökonomische oder internationale Probleme (5 Stunden), eine dreistündige Klausur, in der Fragen aus dem Bereich der Wirtschaftswissenschaften beantwortet werden müssen, eine weitere, aber auch drei Stunden, entweder über soziale oder internationale Fragen und schließlich eine weitere dreistündige Klausur, in der der Kandidat die Wahl hat, sich über Wirtschaftsrecht, Zivilrecht, Wirtschaftsgeographie, Zeitgeschichte, Linguistik, Psychologie und Soziologie, Rechnungswesen, Informatik, Mathematik, Statistik oder über einige Fächer der Naturwissenschaft zu äußern.

Ist der Bewerber nach dem Ergebnis seiner Klausuren für admissible erklärt, so folgen nunmehr zwei *mündliche Examen* und ein Sprachexamen (hier kann der Kandidat zwischen Russisch, Englisch oder Deutsch wählen), welche nun über die Aufnahme in die Schule selbst entscheiden. Diese Examen sind mündlich und finden vor der Jury d'Admission statt.

Was den *Concours interne* angeht, so können die Bewerber etwas älter, müssen jedoch unter 30 Jahre sein. Außerdem müssen sie eine bestimmte Zeit im öffentlichen Dienst nachweisen können. Auch hier sind von der Schule organisierte cycles préparatoires vorgesehen. Diese sind verschieden, je nachdem ob der Bewerber ein Universitätsdiplom besitzt oder nicht. Im übrigen ist die Aufnahmeprüfung auch für die Internes nach den gleichen Grundsätzen organisiert wie für die Externes. Der Bewerber muß also zunächst Klausuren schreiben, nach denen über seine admissibilité befunden wird, während über die endgültige Aufnahme durch ein mündliches Examen entschieden wird. Den Internes ist eine bestimmte Anzahl von Plätzen innerhalb der Schule gesichert.

Was die Beurteilung der Examensleistungen angeht, so wird jede Klausur von zwei sog. correcteurs beurteilt. Einer der correcteurs ist Mitglied der Jury d'Admission. Sowohl die correcteurs wie die Mitglieder der Jury d'Admission werden auf Vorschlag der Schule vom Minister ernannt. Die Klausuren werden anonym eingereicht und nach einem bestimmten vorgeschriebenen System benotet.

Die Jury d'Admission entscheidet nicht nur über die Aufnahme, sondern stellt nach den erreichten Noten auch eine *Rangliste* der Bewerber auf (sog. classement); sie ist nicht gezwungen, alle freien Plätze zu besetzen bzw. Vorschläge für deren Besetzung zu machen, sondern kann, wenn die Leistungen der Gesamtgruppe schwach waren, auch davon absehen, die Besetzung aller Plätze zu empfehlen. Über die Ergebnisse ihrer Bewertungen und Beratungen macht die Jury einen Bericht an die Schule.

Entsprechend den aus diesem Verfahren sich ergebenden Vorschlägen werden dann diejenigen Bewerber, die zur Aufnahme vorgeschlagen worden sind, durch arrêté ministériel zum Elève de l'Ecole Nationale d'Administration ernannt. Mit der Ernennung erhält der Schüler auch ein *Beamtengehalt*.

d) *Ausbildungsgang*

Die Ausbildung dauert insgesamt 2½ Jahre und ist im großen in zwei Abschnitte unterteilt. In dem ersten Abschnitt werden die Zöglinge einer bestimmten Verwaltung zur Ausbildung *zugewiesen*, sog. stages; im zweiten Teil werden sie durch Unterricht ausgebildet (enseignement, étude). Allerdings ist auch in die zweite Ausbildungsphase eine dreimonatige Ausbildung in einem öffentlichen oder privaten Wirtschaftsbetrieb eingeschaltet.

3. Die Ecole Nationale d'Administration (E.N.A.)

Insgesamt bietet die Schule, wie schon erwähnt, zwei Ausbildungswege an. Der eine ist eher juristisch, der andere mehr wirtschaftlich orientiert (administration générale; administration économique). Innerhalb der beiden Ausbildungszweige sind die meisten Kurse für alle Schüler obligatorisch. Daneben gibt es jedoch auch Wahlfächer (sog. options).

Sogleich bei Eintritt in die Schule findet ein eingehendes persönliches *Gespräch* zwischen jedem Zögling und dem Direktor der Schule, dem Directeur des stages und dem Directeur d'études statt. Dieses Gespräch dient nicht nur dem gegenseitigen Kennenlernen, es soll auch der Schule einen ersten Eindruck von der Persönlichkeit und den besonderen Interessen des einzelnen Schülers vermitteln. Dieses Gespräch ist u. a. auch die Grundlage für die Gestaltung der Ausbildung des einzelnen Schülers.

Für die stages bei der Verwaltung sind insgesamt elf Monate vorgesehen. In dieser Zeit werden die Schüler zunächst alle einer Präfektur, soweit sie sich für den auswärtigen Dienst interessieren, einer bestimmten Gesandtschaft zugewiesen. Die Gesandtschaften bzw. die Präfekturen werden im einzelnen von dem Direktor der Schule ausgewählt. Wenn auch, angesichts der Zahl der Schüler, wie man mir sagte, praktisch jede Präfektur Schüler erhält, so ist die Schule doch in ihrer Auswahl nicht beschränkt; wiederum ein Zeichen für die souveräne Stellung, die man ihr eingeräumt hat.

Der stagiaire kann die gesamten elf Monate bei der ausgewählten Präfektur oder Gesandtschaft bleiben. Indessen kann der Schüler auch nur für kürzere Zeit an die Präfektur oder Gesandtschaft abgeordnet und dann für den zweiten Teil seiner stage anderen Behörden, z. B. einer Stadtverwaltung, zugeordnet werden. Es ist für ihn auch möglich, an eine ausländische Verwaltung oder an die Brüsseler Behörde geschickt zu werden. Bei den ausländischen Verwaltungen kommen Großbritannien und die Bundesrepublik in Betracht.

Das Ziel der stage ist in erster Linie, dem Zögling einen unmittelbaren *Eindruck* von der praktischen Tätigkeit der Verwaltung zu geben. Dieses Bild von der Praxis soll also der theoretischen Vertiefung im zweiten Abschnitt der Ausbildung *vorangehen*. Es wird jedoch erwartet, daß der Schüler zugleich sich mit der Gegend, in der er tätig ist, vom Standpunkt eines Verwaltungsbeamten vertraut macht. Er soll nicht nur die in seiner Behörde tätigen Beamten kennenlernen, sondern auch Beziehungen zu den maßgebenden Kreisen der Gegend in Landwirtschaft und Industrie, in den Gewerkschaften wie zu den örtlich tätigen Politikern knüpfen. Es wird von ihm eine vertiefte Kenntnis der Geschichte, der besonderen politischen und wirtschaftlichen Probleme der betreffenden Gegend erwartet.

Der Zögling wird einem bestimmten höheren Beamten der Präfektur oder Gesandtschaft attachiert, der seine Tätigkeit bei der Behörde überwachen und anleiten soll. Man legt aber Wert darauf, daß der Schüler selbst eigene Initiative entwickelt und sich auf diese Weise nicht nur eine Kenntnis von der Verwaltungstechnik verschafft, sondern eben auch jene allgemeineren Kenntnisse, von denen eben gesprochen worden ist, erwirbt. In bestimmten Abständen hat er *Berichte* an den Direktor der Schule zu erstatten, die übrigens dem Behördenleiter vorgelegt werden müssen. Außerdem besucht der Directeur des stages jeden einzelnen Zögling im Laufe seiner Ausbildungszeit, um ihn zu beraten, um sich mit ihm zu unterhalten und einen Eindruck von ihm zu gewinnen.

Die Beurteilung für diese Ausbildungsperiode erfolgt einmal durch den Chef de service, also den Behördenleiter, andererseits durch den Directeur des stages aufgrund der Berichte und der persönlichen Eindrücke, die er von dem betreffenden Zögling erhalten hat. Der Directeur des stages setzt auch die endgültige Note fest.

Während die Prinzipien für die praktische Ausbildung bei der Verwaltung im wesentlichen seit der Gründung der Schule unverändert geblieben sind, haben die Gesichtspunkte, nach denen der theoretische Unterricht im zweiten Abschnitt der Ausbildung aufgebaut ist, gewechselt. Die derzeitigen Grundsätze sind durch eine Reform im Jahre 1972 bestimmt worden; sie sind jetzt in der „présentation générale de la scolarité" folgendermaßen geregelt worden:

— développer le souci de réalisme et la rigueur d'analyse;
— développer l'aptitude à communiquer et le sens des contacts humains;
— éviter le conformisme excessif et développer l'imagination;
— abandonner toute prétention à l'encyclopédisme;
— développer un esprit de concertation grâce à des procédures de consultation des élèves sur le contenu et les méthodes d'enseignement.

Compte tenu de ces exigences, l'organisation de la scolarité répond à trois préoccupations majeures:
— fournir un complément de connaissance qui soit adapté aux besoins spécifiques des élèves en fonction de leur formation antérieure;
— préparer d'une manière pratique au travail administratif;
— donner une large place au travail de groupe;
— faire de l'école un centre actif de réflexion et de recherche sur l'action administrative.

Das Unterrichtsprogramm wird jeweils von der Schule festgelegt, die Inhalte im einzelnen können von der Schule von Programm zu Programm gewechselt werden. Innerhalb des Programms gibt es zunächst

3. Die Ecole Nationale d'Administration (E.N.A.)

Kurse, die für alle Schüler obligatorisch sind, sog. tronc commun, ferner Veranstaltungen, die jeweils gesondert für den juristischen und den wirtschaftlichen Ausbildungszweig festgelegt sind, schließlich Wahlfächer, die der einzelne Kandidat auswählen kann. Gemeinsam sind folgende Kurse:

— Textes et documents administratifs
— Problèmes budgétaires et fiscaux
— Relations internationales
— Questions sociales
— Langues vivantes
— "sessions spécialisées"
— Education physique et Sports.

Für den juristischen Zweig (administration générale) treten dann die folgenden Veranstaltungen hinzu:

Séminaires — rapport collectif
           — soutenance individuelle du rapport
— travail administratif en groupe;
— Comptabilité de gestion;
— Informatique de gestion;
— Initiation Mathématiques et Statistique;
— Compléments de formation économique.

In dem wirtschaftswissenschaftlichen Zweig sind es die folgenden:

Séminaire — rapport collectif
           — soutenance individuelle du rapport
— travail administratif en groupe;
— Comptabilité de gestion;
— Informatique de gestion;
— Mathématiques, Statistique, Calcul économique;
— Comptabilité nationale et analyse économique;
— Compléments administratifs et juridiques.

Was die Form des Unterrichts angeht, so liegt der Schwerpunkt nicht auf Vorlesungen, sondern auf *seminarähnlichen Veranstaltungen;* man hat diese Form gewählt, um die Kandidaten an Gruppenarbeit zu gewöhnen und einen übertriebenen Individualismus zu bekämpfen. Es gibt daher auch keine individuellen Tutoren. In den Seminaren müssen u. a. auch gemeinsame Berichte zu bestimmten Problemen erarbeitet werden, die sodann von einzelnen Schülern präsentiert werden müssen. Ein wesentliches Ziel dieser Veranstaltungen ist die Ausbildung in der Technik der Erstellung von Berichten innerhalb der Verwaltung. Es werden z. B. bestimmte Probleme ausgewählt, zu denen dann der einzelne Schüler oder die betreffende Gruppe zunächst die sachlichen Daten sammeln und in einem Bericht zusammenstellen müssen und aufgrund dieser Daten dann eine nähere Analyse des Problems und Lösungsvorschläge erarbeiten müssen. Auch das Entwerfen für verwaltungsrechtliche Texte, wie Verordnungen oder Gesetze, sind Aufgaben, die den Schülern gestellt werden. Der Schwerpunkt liegt also nicht so sehr bei großen theoretischen Übersichten als vielmehr in einer genau durchdachten Einführung in die Arbeitstechnik des Verwaltungsbeamten. Neben dieser eigentlichen verwaltungsmäßigen Ausbildung laufen Sprachkurse und sportliche Betätigung.

Daß in diese Zeit auch ein dreimonatiger Aufenthalt in einem öffentlichen oder privaten Unternehmen im Inland oder Ausland vorgesehen ist, wurde schon erwähnt. Hier ist dafür gesorgt, daß der betreffende Kandidat die verschiedenen wichtigsten Abteilungen des betreffenden Unternehmens durchläuft.

Dem Problem der *Beurteilung* der Leistungen der Schüler während dieser Periode hat die Schule große Aufmerksamkeit zugewendet. Man hat sich weder für das System einer laufenden Beurteilung durch die Unterrichtenden noch für das System einer einzigen Abschlußprüfung entschieden. Gegen die zweite Lösung hat man das Bedenken der möglichen Zufälligkeit ihrer Ergebnisse, gegen das erste interessanterweise geltend gemacht, daß hierdurch das Vertrauensverhältnis und die Unterrichtsatmosphäre *verdorben* werden könnten. Stattdessen hat man ein System gewählt, das in den von der E.N.A. herausgegebenen Schriften selbst als ein Kompromiß bezeichnet wird. Die Schüler haben nämlich laufend schriftliche Prüfungen abzulegen, die aber nicht von ihren Lehrern, sondern von einer sog. *Jury de Classement* abgenommen werden. Diese Jury wird auf die gleiche Weise ernannt wie die Jury d'Admission. Auf der Beurteilung durch diese Jury de Classement beruht die Festsetzung der Reihenfolge der Kandidaten nach ihren Leistungen. Diese Jury kann auch für einen Schüler bestimmen, daß er einen Ausbildungsabschnitt zu wiederholen hat, und sie kann ihn auch von einem Vorschlag zu den in der Staatsverwaltung angebotenen Plätzen ausschließen. Der Betreffende wird dann zwar nicht von der Schule verwiesen, hat aber das Ziel, den Eintritt in die Staatsverwaltung, nicht erreicht. Durch dieses System verspricht sich die Schule eine laufende objektive Überprüfung der Schüler, ohne daß die gesamten Unterrichtsveranstaltungen unter dem Druck einer ständigen Benotung durch die Unterrichtenden selber steht. Die dabei drohende Anonymität wird durch den Kontakt zwischen der Schulleitung mit den einzelnen Mitgliedern des Lehrkörpers ausgeglichen.

3. Die Ecole Nationale d'Administration (E.N.A.)

e) Abschluß und Verwendung

Den Absolventen der Schule stehen bei ihrem Abgang Stellen in den folgenden Behörden zur Verfügung:

— Conseil d'Etat, en qualité d'auditeur;
— Cour des comptes, en la même qualité;
— Tribunaux administratifs, en qualité de conseiller;
— Inspection des finances, en qualité d'inspecteur adjoint;
— Inspection générale des affaires sociales, en la même qualité;
— Corps diplomatique et consulaire, en qualité de secrétaire des affaires étrangères;
— Corps de l'expansion économique à l'étranger, en qualité d'attaché commercial;
— Corps des administrateurs civils.

Unter der letzten Bezeichnung sind verschiedene Ministerien und die sog. caisse des dépôts et consignations, eine Staatsbank, die namentlich die von den Communen und anderen Staatsbehörden gehaltenen Staatspapiere verwaltet, zu verstehen.

Jedes Jahr übermitteln diese Behörden der Schule ein Verzeichnis der bei ihnen frei gehaltenen Stellen. Unter diesen Stellen hat der einzelne Schüler das Wahlrecht; dabei wählen die Schüler in der Reihenfolge, die sie durch das classement erhalten haben. Diejenigen, die bei diesem classement an der Spitze stehen, haben also die größten Auswahlmöglichkeiten.

Jeder Absolvent der Schule hat eine *Verpflichtung* zu unterzeichnen, daß er die ersten 10 Jahre nach Absolvierung der E.N.A. im Staatsdienst tätig sein wird. Verweigert er diese Verpflichtung, so erhält er nicht den Titel ancien Elève de l'Ecole Nationale d'Administration und muß außerdem die sehr erheblichen Kosten der Ausbildung zurückzahlen, während dem Schüler, der sich für den Staatsdienst verpflichtet, diese Kosten erlassen sind. In dieser Maßnahme kommt noch einmal zum Ausdruck, daß es sich bei der E.N.A. um eine Pflanzstätte für die Staatsverwaltung handelt. Der Staat sichert sich die Tätigkeit von *ausgesuchten* und vorzüglich für ihre Aufgaben *ausgebildeten* Beamten.

f) Résumé

Die Bedeutung der E.N.A. zeigt sich in der zunehmenden Zahl wichtiger Stellen in der höheren Staatsverwaltung, die von ihren Absolventen besetzt sind. 1980 waren z. B. in der wichtigen „Direction du Budget" des Finanzministeriums sämtliche sechs Sous-Directeurs ehemalige Schüler der E.N.A. und in den „Cabinets" der Minister, d. h. deren persönlichem Stab, von 230 insgesamt 96. Von insgesamt 154 Botschaftern waren 1978 35 E.N.A.-Absolventen. In führender Stellung in der Wirtschaft waren 1978 250 Absolventen tätig, davon etwa ein Drittel im Bankwesen. Die Zahl von Absolventen, die zunächst als Conseillers im Conceil d'Etat oder als Inspecteur de Finance tätig waren, war in den 70er Jahren im Zunehmen begriffen[7]. Die Bedeutung der Schule für die höhere Staatsverwaltung und die Wirtschaft in Frankreich ist ständig gestiegen. Sie *übertrifft* heute wohl sogar diejenige der Ecole Polytechnique.

Natürlich bedeutet dies nicht, daß es keine *Kritik* an der Anstalt gegeben hätte und gibt[8]. Auch die Einstellung der politischen Parteien und ihrer Führer ist unterschiedlich; daß und warum der Gaullismus sie gefördert hat, ist schon erörtert worden.

Eher kritisch stehen ihr Politiker gegenüber, die sich an amerikanischen Vorbildern orientieren, wie z. B. *Servan-Schreiber*. Strikt ablehnend ist die kommunistische Partei; sie sieht in der Schule eine Einrichtung, die dem Monopolkapitalismus dient. Die Haltung der sozialistischen Führer ist unterschiedlich gewesen. *Mendès-France* hatte 1954 drei E.N.A.-Absolventen in sein „Cabinet" geholt. Der jetzige Staatspräsident und Führer der parti socialiste, *Mitterand*, hat sich in der Vergangenheit dagegen recht kritisch geäußert. Andererseits gehören eine Reihe von E.N.A.-Absolventen der sozialistischen Partei an. Wieweit die jetzige französische Staatsführung an der E.N.A. festhält, welche Reformen sie eventuell plant, ist mir nicht bekannt. Jedenfalls hat die Schule und ihr Wirken in Frankreich überwiegend Zustimmung gefunden; im Ausland hat sie Bewunderung hervorgerufen.

---

[7] Alle Angaben aus *Frèches*, p. 36, 42, 47 und 52 ss.
[8] Dazu eine Übersicht bei *Frèches*, p. 119 ss.

II. Auswahl der Administrative Trainees in Great Britain

1. Vorbemerkungen

a) Geschichtliches

Das britische Berufsbeamtentum, der Civil Service, unterscheidet sich in seiner Gestaltung *gründlich* von dem Beamtentum kontinentaler Staaten. In diesen ist das Berufsbeamtentum im wesentlichen eine Schöpfung des Fürstenstaates des 17. und 18. Jahrhunderts. Die Juristen haben in ihm immer eine besondere Rolle gespielt; sie haben ursprünglich die Rechte des Herrschers herausgearbeitet und wahrgenommen, sie sind später die Träger einer rechtsstaatlichen Verwaltung geworden. In England ist der Versuch der Monarchie, ein solches Berufsbeamtentum im Dienst der Herrscher aufzubauen, schon im 17. Jh. *gescheitert*. Die Zentralverwaltung wurde dann im 18. Jh. von den Interessen der siegreich gebliebenen Aristrokratie, die das Parlament beherrschte, geprägt. Bis in die Mitte des 19. Jh. hinein herrschte ein ausgesprochenes Patronagesystem; die Ämter in der Zentralverwaltung wurden von den mächtigen Familien des Landes an ihre politischen Anhänger, Freunde und Verwandte vergeben. Das moderne britische Berufsbeamtentum ist als Reaktion gegen dieses System geschaffen worden; seine moderne Organisation geht erst in die zweite Hälfte des vorigen Jahrhunderts zurück und gehört in den Rahmen der *Reformen* und *Modernisierungsmaßnahmen,* welche die britischen Liberalen nach ihrem Erfolg in der Reform des britischen Wahlrechts (1832) durchgesetzt haben.

Um die Mitte des vorigen Jahrhunderts haben die britischen Reformer den Zustand des Beamtentums in den Zentralministerien durch eine Reihe von *Parlamentskommissionen* untersuchen lassen. Unter den Berichten, welche diese Kommissionen dem Parlament erstattet haben, ist historisch am bedeutungsvollsten derjenige einer Kommission gewesen, die von *Gladstone* eingesetzt und von dem ehemaligen Schatzkanzler *Charles Trevelyan* und *Stafford Northcote,* der Sekretär *Gladstone's* im Board of Trade gewesen war und in Verbindung mit den Führern der gleichzeitigen Unterrichtsreform in England stand, geleitet worden ist. Dieser Bericht, heute noch als *Trevelyan-Northcote*-Report zitiert[1], ist Anfang des Jahres 1854 erstattet worden. In diesem Bericht sind vier Prinzipien aufgestellt, auf denen auch heute noch der Aufbau des britischen Berufsbeamtentums beruht:

(1) *Trennung von Politik und Verwaltung:*

Auf diesem Prinzip beruht die strikte parteipolitische Neutralität des britischen Berufsbeamtentums. Die leitenden Beamten dürfen parteipolitisch nicht hervortreten. Sie wechseln nicht, wenn durch Wahlen eine andere Partei die Macht übernimmt. Sie sind verpflichtet, mit jeder Regierung loyal zusammenzuarbeiten, sie zu beraten und die für die Erreichung ihrer politischen Ziele erforderlichen Maßnahmen auszuarbeiten.

Diese neutrale Korrektheit wird jeden beeindrucken, der mit solchen Beamten in Berührung gekommen ist. Ich selbst erinnere mich daran, daß ein Undersecretary des Board of Trade, also der höchste Berufsbeamte des Amtes, ein Fachreferat mit den Worten einleitete: „Sie wissen, daß ich ein britischer Civil Servant bin; Sie werden sich infolge dessen darüber im klaren sein, daß Sie von mir nichts Neues erfahren werden, und daß alles, was ich sage, nicht meine persönliche Meinung ist."

(2) *"Division of Labor":*

Damit ist die Unterscheidung von leitender und untergeordneter Tätigkeit in den ursprünglichen Kategorien von *Trevelyan* und *Northcote*, von intellectual und mechanical work, gemeint.

Auf diesem Gedanken beruht die strenge Unterscheidung verschiedener Klassen von Beamten mit jeweils besonderer Auswahl- und Eingangs- sowie Laufbahnbestimmung. Die ursprüngliche Idee der Verfasser des *Trevelyan-Northcote*-Berichtes war, daß mechanical work, damals also insbesondere Schreibarbeiten und ähnliches, gar nicht Beamten, sondern nur auf Zeit angestellten Kräften übertragen werden sollte.

Inzwischen sind im Laufe der Zeit natürlich sehr viel mehr Klassen entstanden als jene ursprünglichen zwei. Außerdem wurden vertikale Gruppierungen gebildet (nach Fachrichtungen), in denen jeweils besondere Laufbahnen vorgesehen sind.

(3) *"Promotion on ground of merit":*

Dieses Prinzip bedeutete ursprünglich die Abschaffung der willkürlichen Ämterzuweisungen nach Gesichtspunkten des Patronagesystems. Auf der Basis dieses Grundsatzes sind in den einzelnen Klassen und vertikalen Gruppen feste Laufbahnen geschaffen wor-

---

[1] Der Bericht hieß: „The organization of the permanent Civil Service". Vgl. *Kellner / Lord Crowther-Hunt,* p. 104.

den mit entsprechendem Anstieg der Besoldungen, wie dies auch vom kontinentalen System her bekannt ist. Ein einheitliches System von Stellen (grades) für den gesamten Civil Service besteht in England allerdings nicht.

(4) *"Recruitment by open competition":*
Dieser Grundsatz bedeutet, daß für die Besetzung aller Stellen bestimmte Qualifikationen festgelegt werden, und daß jeder, der glaubt, diese Qualifikation zu besitzen, sich um die Stelle bewerben kann; die Stelle soll dann an denjenigen gegeben werden, der am besten qualifiziert ist. Niemand soll ernannt werden, der nicht über die vorgeschriebene Qualifikation verfügt.

Das *Programm*, welches in dem *Trevelyan-Northcote*-Bericht aufgestellt war und das sich in den genannten vier Grundsätzen konzentriert, ist erst langsam durchgesetzt worden. Ein entscheidender Schritt war eine order in council vom 4. Juni 1870, die unter *Gladstone* als Premierminister erging. Sie hat insbesondere den Gedanken der Unterscheidung von intellectual work und mechanical work aufgegriffen, für jede Klasse der Beamtenschaft besondere Qualifikationen festgelegt und Eintrittsexamina vorgesehen. Dabei spielten für den Eintritt in den höheren Dienst (intellectual work) auch die an der Universität erreichten Grade eine Rolle. Wie denn überhaupt die gesamte Reform mit der Reform des Universitätsstudiums und der Einführung effektiver Examina an den englischen Universitäten in Zusammenhang steht.

Im Gegensatz zu dem kontinentalen System ist dabei in England von Anfang an entscheidendes *Gewicht* auf allgemeine Bildung und nicht auf ein spezielles Fachwissen, etwa in Jurisprudenz oder Nationalökonomie, gelegt worden. Auch dieser Gedanke war ein Bestandteil der Ideen der englischen Reformer.

Zur Durchführung der Reform ist 1855 die sog. *Civil Service Commission* (CSC) geschaffen worden. Sie hatte und hat darüber zu wachen, daß nur Beamte eingestellt werden, welche über die erforderliche Qualifikation verfügen. Kein Beamter durfte ernannt werden, dem diese Kommission nicht nach entsprechender Überprüfung bescheinigt hatte, daß er die erforderliche Qualifikation besaß.

Der Zustand des britischen Civil Service, die vorgesehenen Einteilungen und Laufbahnen sowie das Auswahlverfahren sind immer wieder durch parlamentarische oder Regierungs-Kommissionen überprüft worden. Es existieren daher eine ganze Reihe solcher Kommissionsberichte aus den letzten hundert Jahren. Der jüngste dieser Berichte ist unter der von *Harold Wilson* geführten Labor-Regierung unter Vorsitz von *Lord Fulton* erstattet worden (*Fulton*-Report).

II. Auswahl der Administrative Trainees in Great Britain

Die im englischen Schrifttum übliche *Definition* des Civil Servant entstammt einem dieser Berichte, dem sog. *Tomlin*-Report und lautet:

"Servants of the Crown other than holders of political or judicial offices who are employed in a civil capacity and whose remuneration is paid wholly and directly out of moneys voted by Parliament."

Zu den Civil Servants in diesem Sinne gehören *nicht* die Beamten der Lokalverwaltung (counties und Städte); die Beamten der Postverwaltung sind in den mir zugänglichen Statistiken ebenfalls nicht eingeschlossen. Die Gesamtzahl der Mitglieder des non-industrial-Civil Service ist in dem Report of the Administration Trainee Revue Committee, der 1978 vom Civil Service Department herausgegeben ist, in Annex C. für den 1.1.1978 mit 567 015 angegeben. Dies umschließt Mitglieder des Civil Service aller Klassen und Grade.

b) The Administration Group

Im Zusammenhang mit der hier verfolgten Fragestellung interessiert jedoch aus dem Gesamtbereich des Civil Service nur eine bestimmte Gruppe, die sog. Administration Group. Dies ist die Gruppe der leitenden Verwaltungsbeamten, insbesondere in den Londoner Zentralbehörden. Ihre Aufgabe wird in dem soeben erwähnten Bericht (Ziffer 2.6) folgendermaßen umschrieben:

Its range of functions is wide and, among others, includes:
— the co-ordination and development of the machinery through which government does its work;
— the formulation of advice to Ministers on matters of policy;
— the provision of many services directly or indirectly to the public;
— the efficient use of money spent by departments, and of Civil Service manpower and other resources.

Diese Gruppe umfaßt die Zahl derjenigen Beamten, die sich in „Supervisory and Management Grades" befinden, rund 99 000.

Die Administration Group ist in verschiedene „Grades" eingeteilt; sie beginnt mit dem Executiv Officer und führt zu den Stellungen des Assistant Secretary, Deputy Secretary und Under Secretary, als den Beamten, die unmittelbar unter dem politischen Minister stehen. Den Aufbau im einzelnen zeigt die folgende graphische Darstellung:

1. Vorbemerkungen

The Structure of the Administration Group

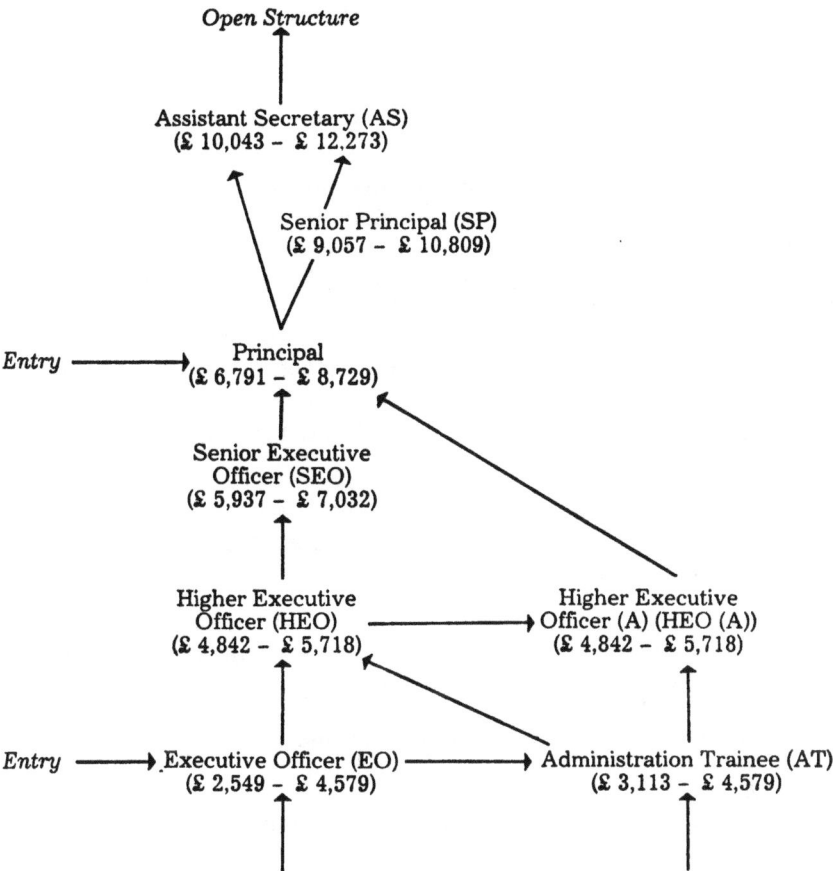

Arrows indicate possible routes of career progression. – The annual salaries shown are the national rates with effect from 1 April 1978. Staff working in Inner London receive an additional £ 465 per year and those in Outer London £ 275 per year.

Für den Eintritt dieser Gruppe der Beamtenschaft ist in der Nachkriegszeit ein besonderes Auswahl- und Beförderungssystem entwickelt worden, das den eigentlichen Gegenstand dieses Berichtes bildet. Diejenigen, die diesen Weg beschreiten, werden *Administration Trainees* genannt.

Der gesamte Civil Service wurde früher von der Treasury betreut. Unter dem Kabinett von *Harold Wilson* wurde aufgrund des *Fulton*-Reports hierfür ein besonderes Amt, der Civil Service Department geschaffen, dabei war der Grundgedanke, eine Behörde zu organisieren, welche die Reformvorschläge des *Fulton*-Reports durchsetzen sollte[2]. Dem Civil Service Department unterliegt das „Management of the Civil Service"; an seiner Spitze steht ein Minister, also ein Politiker, der Mitglied des Kabinetts ist.

2. The Civil Service Commission

Die 1855 geschaffene Civil Service Commission ist eine Behörde, die für den gesamten Civil Service einschließlich des diplomatischen Dienstes darüber zu *wachen* hat, daß niemand ohne die erforderliche Qualifikation zum Beamten in diesem Dienstbereich ernannt wird.

Sie besteht aus dem First Commissioner und drei weiteren Commissioners. Unter den Commissioners bestehen eine Reihe von Abteilungen für die verschiedenen (vertikalen) Gruppen innerhalb des Civil Service. Der Aufbau im einzelnen ergibt sich aus dem folgenden Überblick (Seite 37).

Außer den hauptamtlichen Commissioners sind aufgrund des *Fulton*-Reports zwei Part-time-Commissioners vorgesehen, die hauptberuflich nicht dem Civil Service angehören[3].

Die Commissioners werden von der „Queen in Council" ernannt, d. h. also durch die Königin und den Privy Council. Sie haben den Rang eines Deputy- bzw. Undersecretary.

Die Befugnisse der Civil Service Commission sind derzeit geregelt durch die Order in Council vom 29. September 1978[4].

Diese Order in Council umschreibt die Befugnisse der Civil Service Commission in Ziffer 1 folgendermaßen:

"The qualifications of all persons proposed for appointment to any situation in Her Majesty's Home Civil Service or Diplomatic Service shall, before they are appointed, be approved by the Commissioners, whose decision shall be final, and no person shall be so appointed until a certificate of his qualification has been issued by the Commissioners."

---

[2] Vgl. dazu *Kellner / Lord Crowther-Hunt*, p. 54 ss.

[3] Vgl. Administration Trainee Report 1979; *Kellner / Lord Crowther-Hunt*, p. 107.

[4] Eine Order in Council ist an und für sich eine Verordnung, welche die Königin nach Beratung mit dem Privy Council erläßt. Heute ist die Order in Council noch eine Form für den Erlaß von Rechtsverordnungen, bei der der gesamte Privy Council (über 300 Mitglieder) nicht mitwirkt, sondern welche von der Königin in einem zeremoniellen Akt in Anwesenheit von einer kleinen Gruppe von drei oder vier Mitgliedern des Privy Councils erlassen werden. Vgl. dazu *Loewenstein*, I., p. 527.

2. The Civil Service Commission

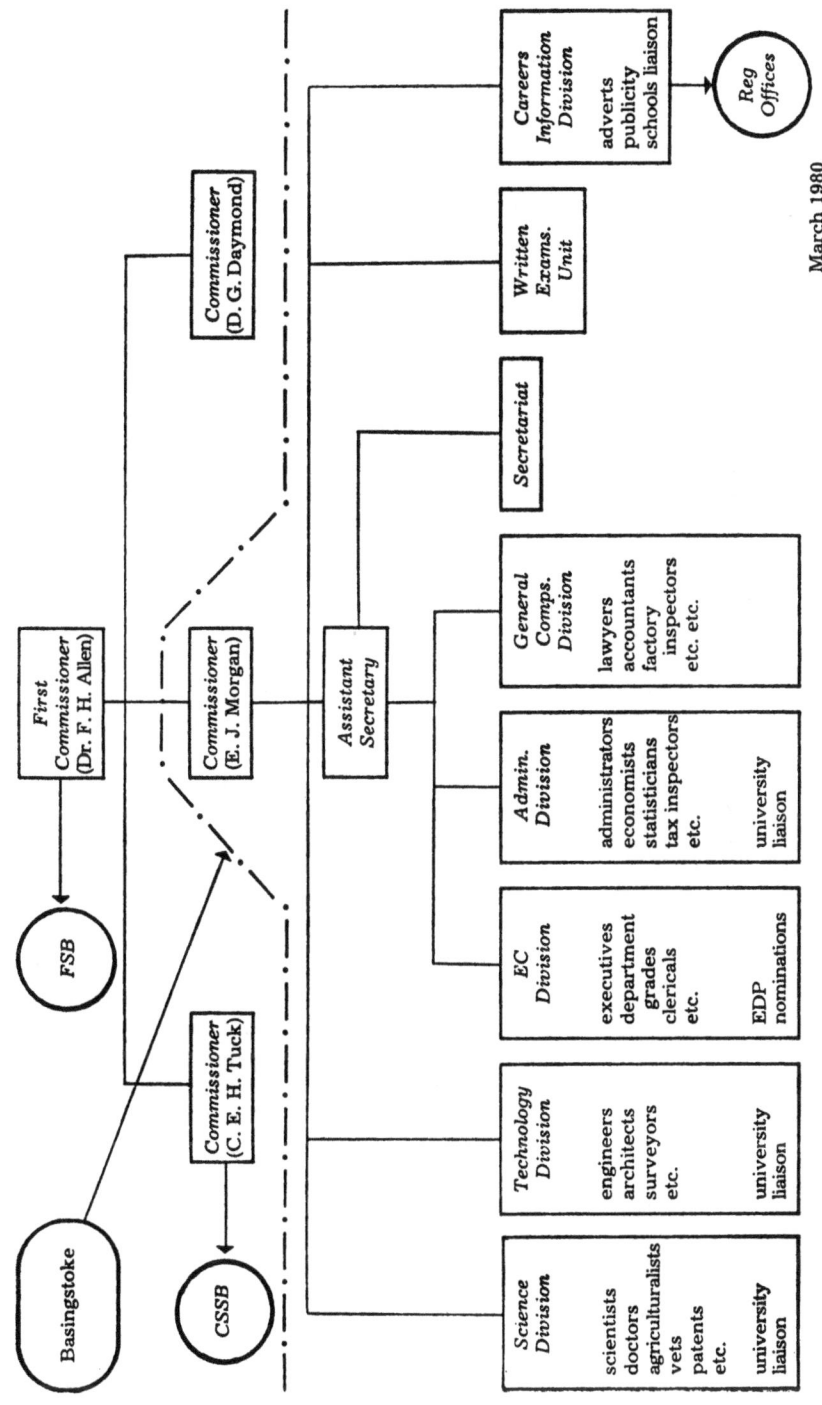

II. Auswahl der Administrative Trainees in Great Britain

Die Kommission hat ferner das Recht, general regulations zu erlassen, welche festlegen, unter welchen Bedingungen die Kommission die certificates of qualifications für die einzelnen Dienststellen erteilen wird. Solche general regulations unterliegen allerdings der Billigung des Staatsministers für den Civil Service (Chef des Civil Service Departments) bzw. des Secretary of State for Foreign and Commonwealth Affaires, soweit es sich um den diplomatischen Dienst handelt (Ziffer 2 der Order in Council).

Die Commissioners sind in der umschriebenen Tätigkeit unabhängig und nicht an Weisungen des Kabinetts oder des Ministers, der das Civil Service Department leitet, gebunden. Nach Ziffer 4 der genannten Order in Council dürfen sie aber certificates of qualification nur erteilen "on merite, on the basis of fair and open competition". Dies entspricht einem der Grundsätze, welche s. Z. die *Trevelyan-Northcote*-Kommission für den Aufbau des britischen Civil Service herausgearbeitet hatte.

Die Civil Service Commission berichtet jährlich über ihre Tätigkeit in einem Annual Report. Mir wurde der Report für 1979 zur Verfügung gestellt.

Auch die Tätigkeit der Kommission wird immer wieder durch Ad-hoc-Kommissionen oder durch Parlamentsausschüsse kontrolliert.

Im Jahre 1976/77 ist dies vom Expenditure Committee des Parlaments in der Session 1976/77 geschehen. Das Expenditure Committee hat die Ergebnisse seiner Prüfung in dem Eleventh Report from the Expenditure Committee Session 1976/77 The Civil Service zusammengefaßt. Der Bericht wurde von der Regierung in sog. Observations im März 1978 (Cmnd 7117) beantwortet. Zu diesen hat das Expenditure Committee seinerseits wieder in seinem 12. Report Stellung genommen.

Das spezielle Administration Trainee Programm, das den Gegenstand der folgenden Ausführungen bildet, ist in seiner Durchführung und seinem Ergebnis von einer Kommission untersucht worden, die von dem Civil Service Department und anderen Regierungsdepartments gebildet worden ist. Diese Kommission trat 1976 zusammen und hat den Report of the Administration Trainee Review Committee 1978 vorgelegt[5]. Auch dieser Bericht nimmt zu den Ansichten und Forderungen des Eleventh Report des Expenditure Committee Stellung. Außerdem hat die Civil Service Commission selbst in einem „Report of the Committee on the Selection Procedure for the Recruitment of Administration Trainees" 1979 zu den Auffassungen des Expenditure Committees des House of Parliament Stellung genommen.

---

[5] Er ist als Drucksache des Civil Service Department 1978 erschienen.

Die Civil Service Commission unterhält Außenstellen an den Universitäten, um die Studenten über die Möglichkeiten einer Laufbahn im Civil Service zu informieren.

3. Das Administrative Trainee-Programm

a) Auswahlprinzipien

Die Methoden, nach denen die Civil Service Commission das Personal des Civil Service ausgewählt hat, haben im Laufe der geschichtlichen Entwicklung gewechselt. Vor 1914 waren die Eintrittsexamina für den höheren Dienst (Intellectual Work) im Anschluß an die Universitätsexamina der Bewerber organisiert. Der Kandidat konnte ein Prüfungsfach wählen und nannte naturgemäß in der Regel dasjenige, in dem er an der Universität sein Examen abgelegt hatte. Die Prüfungen selbst fanden in Form von Klausuren aus diesem Wissensbereich statt[6]. Seit dem I. Weltkrieg traten zu den Klausuren *Interviews* mit den Kandidaten[7].

Das jetzige Auswahlsystem ist zum Teil durch die Erfahrungen beeinflußt, die man im War Office Selection Board während des II. Weltkrieges bei der Auswahl von Offizieren gemacht hat. Daher rührt insbesondere die Einführung psychologischer Tests[8].

Die Examen für den Eintritt in den Civil Service ähneln insofern dem französischen Concours, als sie zur Besetzung freier Stellen abgehalten werden. Es *bestehen* also grundsätzlich nicht mehr Kandidaten, als freie Stellen vorhanden sind.

Für den Eintritt in die verschiedenen Klassen des britischen Civil Service gibt es naturgemäß sehr verschiedene Verfahren. Unter dem Gesichtspunkt dieses Berichts interessiert hier nur der Eintritt in die wichtigste Gruppe, die sog. Administration Group.

Hierfür ist im Jahre 1971 ein besonderes Programm, das Programm der sog. Administrative Trainees eingeführt worden. Es dient der Auswahl besonders qualifizierter Kandidaten, die für eine besondere Ausbildung und bei Bewährung für schnellere Beförderung vorgesehen sind. Verfahren mit ähnlicher Zielsetzung hat es auch vor 1971 schon im britischen Civil Service gegeben. Die *Ziele* des jetzigen Verfahrens werden in dem Bericht des Review Committee folgendermaßen umschrieben:

---

[6] Vgl. *Kelsall*, p. 59/60.
[7] Vgl. *Kelsall*, p. 65.
[8] Vgl. *Kelsall*, p. 86 ss.; *Kellner / Lord Crowther-Hunt*, p. 118.

The objectives of the AT scheme were:

I. To recruit an adequate number of top quality graduates as one of the main sources of supply for senior posts in the Civil Service in the future.

II. To strengthen middle management by recruiting actively from the increased supply of graduates available for employment.

III. To provide opportunities for the accelerated development of in-Service talent.[9]

Das Verfahren soll es auch ermöglichen, besonders talentierte Universitätsabsolventen in den Civil Service zu *ziehen*, die sonst vielleicht in der freien Wirtschaft eine Stellung angenommen hätten.

Denjenigen, die in diesem Verfahren in den Civil Service eintreten, steht eine gegenüber dem normalen Verfahren *schnellere Beförderung* in Aussicht. Sie erhalten besondere Ausbildungsmöglichkeiten und werden während ihrer Tätigkeit genau beobachtet und beurteilt. Bei Bewährung können sie nach 2½ Jahren Higher Executive Officer und nach weiteren 2½ Jahren Principal werden. Damit sind sie normalerweise mit 30 Jahren Principal und können in weiteren sieben Jahren Assistant Secretary werden und gehören dann schon zu der Gruppe der leitenden Beamten[10]. Ein Beamter, der die normale Karriere durchläuft, kann dagegen die Stellung eines Assistant Secretary erst mit etwa 48 Jahren erreichen[11].

Das AT-Programm eröffnet den Eintritt in den Home-Civil-Service, das Tax Inspectorate in der Steuerverwaltung, den diplomatischen Dienst (mit besonderen Prüfungen) und die Beschäftigung in der Verwaltung des House of Commons und House of Lords bei dem sog. Clerk of the House.

Bei Einführung des Verfahrens war geplant, jährlich etwa 250 bis 300 Kandidaten anzunehmen; die Gruppe der leitenden Berufsbeamten (vom Assistant Secretary aufwärts) zählt nur 2000 bis 3000[12].

Was die Ziele und Kriterien betrifft, nach denen in dem AT-Programm ausgewählt wird, so sind sie für denjenigen, der kontinentale Verhältnisse gewohnt ist, zunächst überraschend.

Entscheidendes *Gewicht* wird nicht auf die spezielle Ausbildung in einem Fach, etwa Economics oder Law gelegt. Für diese Spezialisten sind Sonderlaufbahnen vorgesehen, z. B. Lawyers, Scientist, Accountant. Sie werden in den Behörden auch nur in ihrem Spezialfach beschäftigt, so Juristen etwa in der Rechtsabteilung.

---
[9] Review, p. 17.
[10] Vgl. Review, p. 14; *Kellner / Crowther-Hunt*, p. 139.
[11] Vgl. Review, p. 9.
[12] Vgl. *Kellner / Lord Crowther-Hunt*, p. 161.

3. Das Administrative Trainee-Programm

Für die leitenden Posten in der Verwaltung, also für die Administration Group, werden dagegen Persönlichkeiten gesucht, die nach Intelligenz und Charakter, also nach ihrer *Gesamtpersönlichkeit* für eine leitende Tätigkeit innerhalb einer Behörde und als Ratgeber der führenden Politiker geeignet erscheinen. In dem Bericht des Review Committees ist dieses Ziel folgendermaßen umschrieben:

"The Civil Service must look for a high level of all-round ability and set a rigorous specification of intellectual and personal qualities when seeking staff with the potential to fill the most senionposts."[13]

Daraus ergeben sich die Kriterien im einzelnen.

Selbstverständlich vorausgesetzt wird „unquestionable integrity"[14]. Die weiteren Kriterien sind: „Gute allgemeine Intelligenz (a good all-round intellect)".

Dabei ist nicht so sehr eine ausgesprochen wissenschaftliche Begabung als vielmehr die Fähigkeit entscheidend, die intellektuellen Fähigkeiten für praktische Zwecke zu nutzen. Gefordert wird insbesondere, daß der Betreffende sich schnell in neue Probleme einarbeiten kann und ein gewisses *Urteilsvermögen* für die praktischen, insbesondere politischen Möglichkeiten entwickelt.

Der Beamte muß ferner, um mit seinen Kollegen und mit dem Publikum verkehren zu können, die Fähigkeit besitzen, sich mündlich und schriftlich klar und präzise auszudrücken. Er muß außerdem in der Lage sein, aus Statistiken Schlüsse zu ziehen.

Charakterlich soll der Beamte zur *Zusammenarbeit* in einem Stab geeignet sein; er sollte infolgedessen kein Einzelarbeiter sein, sondern die Fähigkeit besitzen, mit anderen zusammenzuarbeiten. Andererseits soll er Eifer und ein gewisses Maß an Ehrgeiz besitzen. Schließlich muß er insbesondere im Umgang mit dem Publikum ein gewisses Maß an „tolerance and humanity" besitzen; er soll insbesondere in der Lage sein, sich klar zu machen, wie Verwaltungsentscheidungen den Mann auf der Straße berühren können.

Man ist sich natürlich bewußt, daß nicht jeder Bewerber alle diese Eigenschaften aufweisen kann und daß Schwächen in einer Beziehung durch besondere Fähigkeiten in anderer Hinsicht ausgeglichen werden können[15].

---

[13] Vgl. Review, p. 15.
[14] Vgl. Selection Procedure, p. 11.
[15] Vgl. dazu Selection Procedure, p. 10/11.

b) Das Eintrittsexamen

Der Eintritt in das AT-Programm steht Bewerbern von außen und Mitgliedern der unteren Stufe des höheren Verwaltungsdienstes (Executiv Officer) offen. Die letzteren können sich entweder selbst bewerben oder von ihren Vorgesetzten vorgeschlagen werden. Bewerber, die von außen kommen, müssen einen Universitätsgrad haben und zwar einen „honours-degree", also ein Prädikatsexamen. In welchem Fach dieser Universitätsgrad erworben worden ist, ist *gleichgültig*. Dieser Grundsatz ist für den Kontinentalen erstaunlich, er ist aber die logische Folgerung aus dem Prinzip, daß man nicht Fachleute, sondern „Generalisten" sucht. Praktisch überwiegen zahlenmäßig bisher die Bewerber, welche in den humanities, also in den Geisteswissenschaften (nach der engl. Terminologie „arts") Grade erworben haben. Neben ihnen spielen die Bewerber aus dem Feld der Social Sciences oder der Natural Sciences eine geringere Rolle. Im statistischen Durchschnitt hatten in den Jahren 1971 bis 1975 42,5 % der Bewerber einen degree in arts, also z. B. in Geschichte, klassischer Philologie usw.[16].

Altersmäßig müssen die Bewerber nach den Bestimmungen unter 28 Jahren alt sein. Das Durchschnittsalter der Bewerber liegt jedoch bei 23 bis 24 Jahren[17].

Das Eintrittsexamen besteht aus drei Abschnitten:

1. dem sog. Qualifying Test,
2. einem Examen vor einem Civil Service Selection Board,
3. einem Interview vor dem Final Selection Board.

Der Qualifying Test dauert anderthalb Tage und wird an verschiedenen Orten außerhalb von London abgenommen. Er besteht aus drei Klausuren und fünf psychologischen Tests.

Die Klausuren werden anonym geschrieben und haben verschiedene Gegenstände. In der ersten Klausur muß eine Zusammenfassung (summary) von einem gegebenen Text verfaßt werden, z. B. von einem Artikel von Prof. Higgins aus dem „Listener" über das Thema „Can Terrorism be Justified?" Die Zusammenfassung darf eine vorgeschriebene Länge nicht überschreiten.

Die zweite Klausur soll das konstruktive Denken des Kandidaten zeigen. Dem Kandidaten wird eine erfundene Situation, die bestimmte politische oder verwaltungsmäßige Maßnahmen erfordert, geschildert; er muß einen Vorschlag zur Lösung entwickeln[18].

---

[16] Vgl. Selection Procedure, p. 33.
[17] Mitteilung von Commissioner *Morgan*.

3. Das Administrative Trainee-Programm

Die dritte Klausur hat die Interpretation des statistischen Materials zum Gegenstand, z. B. werden gewisse Teile der Kriminalstatistik vorgelegt. Der Kandidat soll daraus bestimmte Folgerungen ableiten.

Für die Klausuren stehen jeweils anderthalb, bzw. zwei und anderthalb Stunden zur Verfügung. Die psychologischen Tests testen teils die Intelligenz, teils sprachliche Ausdrucks- und das Kombinationsvermögen. Der Qualifying Test dient im wesentlichen zur Aussonderung von Kandidaten, die für das Hauptexamen vor dem Civil Service Selection Board ungeeignet sind.

Die *Prüfungskommission* des Civil Service Selection Board besteht aus drei Personen. Der Chairman ist ein Senior Civil Servant, in der Regel im Range eines Undersecretary of State; gegebenenfalls werden auch Beamte im Ruhestand für diese Aufgabe herangezogen. Das zweite Mitglied ist ein Psychologe; das dritte Mitglied, der sog. Observer, ein jüngerer Beamter des Civil Service, dessen eigenes Eintrittsexamen erst einige Jahre zurückliegt. Jeder Prüfer gibt über jeden einzelnen Kandidaten ein gesondertes schriftliches Votum ab. Die Kandidaten werden z. T. in Gruppen, z. T. individuell geprüft.

Das Examen dauert zwei Tage und besteht aus Klausuren, einem persönlichen Interview des einzelnen Kandidaten sowie beobachteten Gruppensitzungen. Dabei besteht die einzelne Gruppe aus fünf bis sechs Kandidaten.

Die 1. Klausur besteht in der Bearbeitung eines Aktenstücks aus der Verwaltung, aus dem sich ein bestimmtes Problem ergibt. Dem Kandidaten werden hierfür drei Lösungen vorgeschlagen. Er muß den Inhalt des Aktenstücks zusammenfassen, über die drei möglichen Lösungen berichten und einen bestimmten Vorschlag machen, den er begründet. Die 2. Klausur besteht im Entwerfen eines Briefes an jemanden, der von einer Verwaltungsentscheidung betroffen ist und hat diesem die Entscheidung und ihre Gründe zu erläutern.

Von den *Gruppensitzungen* ist die eine der allgemeinen Diskussion eines bestimmten Themas gewidmet, das der Gruppe von dem Chairman gegeben wird. Die Themen sind sehr allgemein gehalten, etwa: Ist die englische Gesellschaft dekadent[19]? Bei anderen Gruppensitzungen dagegen wird ein Chairman ernannt, unter dessen Leitung die Gruppe ein bestimmtes Thema diskutiert und am Schluß zu einer Resolution kommt. Hierbei wird beobachtet, wieweit es dem Chairman

---

[18] In den in Appointments in Administration 1980, p. 27 gegebenen Beispielen handelt es sich z. B. um die Folge von Klimaveränderungen, insbesondere Überschwemmungen von Küstengebieten.

[19] Vgl. *Kellner / Lord Crowther-Hunt*, p. 126.

gelingt, einen Konsensus auf eine bestimmte Resolution herbeizuführen und wie er die Diskussion überhaupt leitet.

Die persönlichen Interviews dienen dazu, den Mitgliedern der Prüfungskommission in einer Unterhaltung ohne bestimmtes Thema einen Eindruck von den Fähigkeiten und der Persönlichkeit des Kandidaten zu verschaffen.

Nach Abschluß der Prüfung wird durch die Prüfungskommission für jeden Kandidaten eine Abschlußnote festgelegt. Nur ein Kandidat, der eine bestimmte Note erreicht, kann an dem Schlußexamen vor dem Final Selection Board teilnehmen.

Das Final Board besteht aus dem First Civil Service Commissioner oder seinem Stellvertreter, zwei Angehörigen des Civil Service und zwei sog. Outsidemembers, also Persönlichkeiten, die nicht dem Civil Service angehören, sondern der Wirtschaft oder den Universitäten. Ein Mitglied soll von einer Universität genommen werden. Alle Mitglieder dieses Board kennen die Ergebnisse der Prüfung vor dem Civil Service Selection Board, also die Berichte und die Berichte der dort eingesetzten einzelnen Prüfer. Hier findet nun keine eigentliche Prüfung mehr statt, sondern ein Interview von etwa über einer halben Stunde mit jedem einzelnen Kandidaten. Danach entscheidet die Kommission für jeden einzelnen Bewerber, ob er als Administrative Trainee aufgenommen wird oder nicht.

c) *Der Ausbildungsgang*

Die weitere Ausbildung der Administrative Trainees dauert je nach Bewährung zwei bis fünf Jahre. Der Administrative Trainee wird in verschiedenen Ministerien und Ämtern verwandt; ein Teil der Ausbildung vollzieht sich auch an dem 1970 gegründeten *Civil Service College;* die Lehrgänge an diesem College sollen den Teilnehmern gewisse grundlegende Fachkenntnisse in Spezialdisziplinen vermitteln, z. B. in Accounting, Economics, Law und ähnl. Außerdem finden Kurse über bestimmte, besonders aktuelle Probleme statt, wie etwa die Konflikte mit rassischen Minderheiten.

Der Administrative Trainee wird während dieser Ausbildung genau beobachtet und beurteilt; bei Bewährung kann er, wie schon erwähnt, nach fünf Jahren zum Principal befördert werden und danach in etwa weiteren sieben Jahren die Stellung eines Assistant Secretary erreichen[20].

---

[20] Die Beschreibung des Examensganges beruht in erster Linie auf der Denkschrift „Appointments in Administration 1980" der Civil Service Commission. Ferner auf der Schilderung bei *Kellner / Lord Crowther-Hunt. Kellner* konnte z. T. den Gang eines bestimmten Examens beobachten.

4. Résumé

a) Das Administration Trainee-Examen als Auslese einer Elite

Die Auswahl bei dem Examen der Bewerber für den Posten eines Administrative Trainee ist außerordentlich scharf. 70 % der Bewerber scheiden regelmäßig bereits bei dem Qualifying Test, also der ersten Stufe des Examens, aus[21]. Von den restlichen Bewerbern bestehen im allgemeinen höchstens 50 % das Hauptexamen vor dem Civil Service Selection Board. Schließlich werden in dem letzten Examensabschnitt vor dem Final Selection Board noch einmal rund ein Viertel der Kandidaten ausgeschaltet. Es handelt sich dabei um Fälle, die das Civil Service Selection Board noch hat passieren lassen, aber deren Fähigkeiten doch nicht als unbedingt eindeutig beurteilt hat.

Im ganzen bedeutet dies, daß etwa nur jeder *zehnte* Bewerber die Aufnahme in den Civil Service als Administrative Trainee erreicht; ungefähr 90 % scheitern.

Dabei muß man berücksichtigen, daß ja nur Universitätsabsolventen, die einen Honours Degree haben, sich bewerben können. Dadurch ist die Masse der Durchschnittsabgänger von den Universitäten sowieso schon ausgeschaltet. Insofern scheint es berechtigt zu sein, wenn von englischer Seite darauf hingewiesen wird, daß die Auswahl der Administrative Trainees mit derjenigen der berühmten französischen Inspecteurs de Finance verglichen werden kann.

Die Statistiken über die Herkunft der Kandidaten zeigt, daß im allgemeinen Kandidaten aus *Oxford* und *Cambridge* besser abgeschnitten haben. Von 612 Bewerbern aus diesen Universitäten passierten im Jahre 1978 den Qualifying Test 305, während aus anderen Universitäten von 1909 Kandidaten nur 418 passierten. Vor dem Civil Service Selection Board wurden von 243 Kandidaten mit Degrees aus Oxford und Cambridge 120 empfohlen, von 335 Kandidaten aus anderen Universitäten 107 und im Final Selection Board wurden von 112 Bewerbern mit Degrees aus Oxford und Cambridge 105 angenommen, von 104 Kandidaten mit anderen Degrees 97.

Diese Tatsachen haben zu erheblicher *Kritik* des Auswahlverfahrens geführt, es wird von einem „Oxbridge Bias" gesprochen; die Kritik behauptet, daß die Prüfer, da sie selbst aus Oxford oder Cambridge kämen, die Kandidaten aus Oxford und Cambridge begünstigten. Dieser Gesichtspunkt ist insbesondere in dem Eleventh Report des Expen-

---

[21] Vgl. Selection Procedure, p. 7.

diture Committees geltend gemacht worden. Von seiten des Civil Service Committees wird freilich darauf hingewiesen, daß insbesondere die Klausuren beim Qualifying Test *anonym* geschrieben werden, so daß die Herkunft der Bewerber bei der Beurteilung nicht bekannt ist. Im übrigen wird der Kritik entgegengehalten, daß eben die Universitäten Oxford und Cambridge selbst bei der Zulassung ihrer Studenten schon schärfere Maßstäbe anlegen würden; hierbei ist zu beachten, daß keine englische Universität gezwungen ist, Studenten anzunehmen, die ihren eigenen Standards nicht entsprechen. Im Gegensatz zu den kontinentalen Universitäten betrachten die britischen Universitäten es als *Grundrecht der Freiheit der Universitäten*, daß sie ihre Studenten selber auswählen können.

Für den Ausländer ist es natürlich nicht möglich, zu diesem Streit Stellung zu nehmen. Wenn jedoch das Gegenargument richtig ist, dann bedeutet die Tatsache, daß relativ viele Absolventen der Universitäten Oxford und Cambridge unter den Bewerbern sind, daß schon an der Universität eine scharfe Vorauswahl stattgefunden hat.

Es fällt auf, daß bei der Auswahl der Administrative Trainees offenbar auf die Kenntnisse fremder Sprachen oder fremder Länder *keine* besondere Rücksicht genommen wird; jedenfalls erhält der Bewerber für solche Kenntnisse offenbar keinen Bonus. Eine Ausnahme besteht insofern nur für solche Bewerber, die in den Diplomatic Service eintreten wollen; hier findet ein besonderes Sprachexamen statt. Allerdings ist mir mitgeteilt worden, daß jedenfalls früher in den Interviews die Frage, ob der Bewerber im Ausland gewesen sei und daher Kenntnisse über bestimmte ausländische Länder habe, eine Rolle gespielt hat. Offenbar überläßt man die Vorbereitung der jungen Beamten auf eine Tätigkeit, etwa im Rahmen der EWG, der späteren praktischen Ausbildung. Immerhin ist interessant, daß in dem 11. Bericht des Expenditure Committees ausdrücklich darauf hingewiesen wird, daß die jüngeren Beamten auch auf dem internationalen Feld ausgebildet werden müßten; sie müßten in der Lage sein, z. B. Probleme der Agrarwirtschaft mit den Behörden des Common Market zu diskutieren.

b) *Kritik am Administrative Trainee-Verfahren*

In den letzten anderthalb Jahrzehnten ist an der Struktur des britischen Civil Service und auch an dem Auswahlverfahren, insbesondere an dem Administrative-Trainee-Verfahren, erhebliche Kritik geübt worden. Diese Kritik ist sowohl in dem *Fulton*-Bericht wie in dem Eleventh Report des Expenditure Committee des House of Commons hervorgetreten.

4. Résumé

Die Kritik betrifft im wesentlichen die folgenden Punkte:

(1) Es wird geltend gemacht, daß bei der Auswahl derjenigen Persönlichkeiten, die in die leitende Stellung des Civil Service aufrücken sollen, das Fachwissen zu wenig berücksichtigt würde. Der Gedanke „Generalists" auszusuchen, sei falsch, es komme vielmehr darauf an, tüchtige Fachleute zu haben.

Dieser Gesichtspunkt ist insbesondere von *Lord Crowther-Hunt* vertreten worden; er hat auch die Entscheidungen des Premierministers *Harold Wilson,* der selbst Wirtschaftswissenschaftler ist, beeinflußt.

(2) Wie schon erwähnt, wird behauptet, daß bei der Auswahl der Kandidaten für die oberste Gruppe des britischen Civil Service Klassenvorurteile eine zu große Rolle spielen. Die Kandidaten aus Oxford und Cambridge würden, ebenso wie die Kandidaten, die ein Degree in Humanities hätten, ungebührlich bevorzugt; schließlich hätten Kandidaten, die ihre Schulbildung an einer Public School genossen hätten, bessere Chancen. Diese Kritik ist insbesondere von Labour-Abgeordneten vorgetragen worden und hat ihren Ausdruck im 11. Bericht des Expenditure Committees von 1977 gefunden.

(3) Der Gedanke, daß der Civil Service politisch neutral, dafür aber unabhängig ist, wird bekämpft. Dieses Prinzip habe dazu geführt, daß die Bürokratie den Einfluß der von der Parlamentsmajorität bestimmten politischen Führung beeinträchtige.

Dieser Gedanke wird insbesondere von manchen Politikern der verschiedenen Parteien vertreten.

Die Berichte des Civil Service Department und der Civil Service Commission haben zu diesen Vorwürfen Stellung genommen und sie insbesondere durch eine verbesserte Statistik und deren Analyse zu widerlegen versucht[22].

Über die Berechtigung dieser Vorwürfe kann ein Ausländer naturgemäß nicht urteilen. Allerdings gewinnt man den Eindruck, daß manche Kritiker einfach ein vollkommen anderes System im Auge haben und hier muß man sich darüber im klaren sein, daß sich gegenüber jeder historisch gewordenen Struktur Alternativen entwickeln lassen, daß aber schließlich jede Struktur auch die Nachteile ihrer Vorzüge aufweisen wird. Eines jedenfalls wird man festhalten dürfen: in Großbritannien wird die Frage, hervorragende Talente für die Spitzenposten der Ver-

---

[22] Vgl. dazu insbesondere den Report of the Committee on the Selection Procedure for the Recruitment of Administration Trainees von 1979 und den Report of the Administration Trainee Review Committee 1978.

waltung zu gewinnen, *außerordentlich ernst* genommen und das Problem mit einem sorgfältig überlegten und durchgeführten Auswahlverfahren zu lösen versucht. Wie immer man zu den verwendeten Kriterien und Methoden im einzelnen stehen mag, niemand wird sich dem Eindruck entziehen können, daß die Verantwortlichen in Großbritannien an dem Problem mit großem Ernst und großer Konsequenz gearbeitet haben. Sie haben damit ein *Modell* geschaffen, das kennenzulernen und mit dem sich zu beschäftigen sich sicher für andere Nationen lohnt.

III. Folgerungen

1. Vergleichende Betrachtungen

Die vorangehende Darstellung zeigt, daß sowohl in Frankreich wie im Vereinigten Königreich dem Problem, eine Elite für leitende Posten in der Verwaltung heranzubilden, *große Bedeutung* beigemessen wird, und daß besondere Verfahren und Institutionen geschaffen worden sind, um diese Aufgabe zu lösen. Die Lösungen sind im einzelnen verschieden; sie entsprechen den Traditionen und Gegebenheiten beider Länder. Es lassen sich aber durch eine vergleichende Analyse doch einige Vorkehrungen herausarbeiten, die für die gefundenen Lösungen bedeutsam sind. Es sind dies:

(1) Scharfe *Auswahl* der besonders zu Fördernden durch besondere Examina *vor* Eintritt in die Sonderausbildung. Die Examina sind *Eintrittsexamina,* die nach inhaltlicher Gestaltung und Zusammensetzung der Prüfungskollegien auf die Bedürfnisse der Sonderausbildung abgestimmt sind.

(2) Eine besondere Ausbildung selbst, die sich insbesondere in Frankreich bei der E.N.A. als eine *echte Postgraduate-Ausbildung* darstellt: sie schließt sich an eine volle normale Universitätsausbildung an. Ihr Ziel ist, allgemein und für leitende Stellungen verwendbare Verwaltungsleute (Administratoren) auszubilden, die in der Lage sind, administrative Entscheidungen vorzubereiten, zu treffen und damit durchzusetzen.

(3) Unmittelbare Verknüpfung dieser Ausbildung mit der *Stellenbesetzung* in bedeutenden Behörden dadurch, daß den Absolventen bestimmte Stellen vorbehalten oder ein schnellerer Aufstieg in der Verwaltung gewährleistet wird; damit zugleich ein Ansporn zu besonderen Leistungen und die Sicherheit, besonders ausgebildete Persönlichkeiten in relativ jungem Alter in wichtige Stellungen innerhalb der staatlichen Bürokratie zu bringen.

Sieht man sich im deutschen Bildungswesen um, so findet man nichts unmittelbar Vergleichbares. Vor allem sind uns zwei Einrichtungen *fremd:* das System der Eintrittsexamina und das organisierte Postgraduate-Studium. Auf beides ist im Hinblick auf das deutsche System näher einzugehen.

III. Folgerungen

2. Das deutsche Examenssystem

Das deutsche Examenssystem weist vor allem zwei charakteristische Züge auf. Es ist ein System der Abschlußexamina und es ist ein System von Examen, welche eine allgemeine Berechtigung verleihen. Unter Abschlußexamen sollen hier Examen verstanden werden, welche nach einer bestimmten Ausbildung einen vorhandenen Wissensstand *feststellen*. Sie sind also grundsätzlich retrospektiv. Es soll festgestellt werden, was in einem bestimmten Ausbildungsgang an Kenntnissen *erworben* worden ist. Im Gegensatz zu Eintrittsexamina sind sie also nicht abgestellt auf die Bedürfnisse einer dem Examen folgenden, weiteren Ausbildung. Ihr Bestehen bedeutet den *Erwerb einer allgemeinen Berechtigung,* nicht aber das Recht zu einer fachspezifischen Ausbildung und schon gar nicht das Recht auf bestimmte Plätze in einem Ausbildungssystem oder einer Verwaltung. Unsere Examina sind infolgedessen auch keine Concours, d. h. der Gedanke, daß nur so viele bestehen können, wie zu besetzende Plätze — sei es in einem Ausbildungssystem, sei es in einer Behörde — vorhanden sind, ist diesem System fremd.

So stellt das Abiturientenexamen die Kenntnisse fest, die der Absolvent einer höheren Schule in dieser erworben hat. Es gibt dann eine allgemeine Berechtigung zum Studium an einer wissenschaftlichen Hochschule gleich welcher Fachrichtung. Die Universitäten müssen dem Grundsatz nach jeden Abiturienten aufnehmen, und zwar grundsätzlich in jeder ihrer einzelnen Disziplinen. Sie haben nicht die Möglichkeit, durch besondere Eintrittsexamina eine *Selektion* vorzunehmen oder für bestimmte Fachbereiche, z. B. im Bereich der Naturwissenschaften, besondere zusätzliche Kenntnisse zu verlangen, wie dies etwa die englischen Universitäten können.

Wir gehen auch von dem Gedanken aus, daß die Universität im Prinzip die Abiturienten aufnehmen muß, gleichgültig wie die Studienmöglichkeiten gegeben sind. Unsere Grundidee ist, daß die Universität sich dem Zustrom der Studenten *anzupassen* hat. Dieser Gedanke spielt bekanntlich auch in unserer Rechtsprechung eine große Rolle. Das System des „Numerus Clausus" wird als abnormer Ausnahmezustand empfunden und hat bisher auch nicht zu einer fachspezifischen Selektion der Studenten geführt. Nach wie vor gibt es keine von der Universität organisierte Eintrittsexamen, sondern eben das Abitur als Abschlußexamen, das grundsätzlich eine Berechtigung zum Besuch der Universität verleiht.

Ähnlich steht es mit den weiteren Examen, so etwa dem juristischen Referendarexamen, vor allem aber dem Assessorexamen. Auch dieses schließt eine Ausbildung (die Referendarausbildung) ab und verleiht die allgemeine Befähigung zum Richteramt, die ihrerseits demjenigen, der das Examen bestanden hat, die Möglichkeit gibt, sich um Richterstellen im Justizdienst zu bewerben oder sich als Anwalt niederzulassen.

Das *Fehlen von Eintrittsexamina* an den Universitäten oder später bei dem Eintritt in den praktischen Beruf ist ein — im internationalen Vergleich — besonders auffälliges Merkmal unseres Systems.

3. Postgraduate-Studium in der Bundesrepublik

Auch ein organisiertes Postgraduate-Studium, d. h. ein planmäßig organisiertes Vertiefungsstudium, das auf ein Grundstudium folgt, kennt das deutsche System nicht. Es steht damit im Gegensatz etwa zum französischen Ausbildungssystem, das z. B. einen besonderen, auf das Normalstudium folgenden Studiengang kennt, der zum Doktorat führt. Die einmal angestrebte Unterscheidung von Kurzstudium und vertieftem Langzeitstudium hat sich bisher — soweit erkennbar — in Deutschland nicht durchgesetzt, insbesondere nicht in dem hier interessierenden sozialwissenschaftlichen und juristischen Bereich. Die Organisation des deutschen Universitätsstudiums geht vielmehr von dem Gedanken aus, daß das gesamte Studium auf einer Verknüpfung von Forschung und Lehre und damit vom Normalstudium und vertiefter wissenschaftlicher Ausbildung beruht. Anders ausgedrückt: die wissenschaftliche *Vertiefung* in Seminaren und Kolloquien ist in die allgemeine Normalausbildung *integriert*. Wir *überlassen* die Lösung des Problems, ob ein Student eine vertiefte Ausbildung erfährt, der *persönlichen Begegnung* zwischen Dozent und Student. Wir vertrauen darauf, daß die persönliche Neigung des Studenten, ihn zu den entsprechenden Gelehrten führt, und daß umgekehrt ein Forscher aus seinen Hörern und Schülern sich einen Kreis von besonders Begabten und zu Fördernden aussucht. In Deutschland besteht offenbar eine gewisse *Scheu*, in diese Beziehungen durch Planung und Organisation einzugreifen. Lieber überlassen wir diese Dinge dem *Zufall*. Historisch dürfte dies mit der in Deutschland stets betonten Verknüpfung von Forschung und Lehre zusammenhängen.

4. Kritikpunkte

Es fragt sich, ob wir uns in Deutschland nicht die im Ausland gemachten Erfahrungen zunutze machen und Anregungen aus dem ausländischen System aufgreifen sollen. Es ist dabei m. E. nicht unwichtig, sich darüber klar zu sein, daß auch in Frankreich und im Vereinigten Königreich die geschilderten Systeme in ihrer jetzigen Ausprägung relativ jung sind, wenn sie auch mit den Traditionen der beiden Länder verknüpft sind. Die E.N.A. wurde 1945 gegründet, das englische Administration Trainee Programm ist erst in der Nachkriegszeit entwickelt worden. Dies könnte darauf hindeuten, daß derartige Auswahl- und Ausbildungsverfahren gerade durch die Verhältnisse der Gegenwart bedingt sind und sollte uns veranlassen, unser eigenes System zu überprüfen. Dabei wird man die allgemeine Frage, ob unser System der Abschlußexamina unter den Bedingungen der Gegenwart wirklich zweckmäßig ist, von der hier ins Auge gefaßten besonderen Frage der Ausbildung von Nachwuchs für die Verwaltung zu trennen haben.

a) Abitur

Wendet man sich zunächst der ersten Frage zu, so wird man sicher ohne Überheblichkeit sagen können, daß unser System, das — was das Abitur angeht — auf das Ende des 18. Jahrhunderts zurückgeht, im 19. Jahrhundert und auch noch auf weite Strecken in unserem Jahrhundert zufriedenstellend funktioniert hat. Es hatte zweifellos den Vorteil, daß es dem Einzelnen eine große Freiheit sowie der gesamten Auswahl im Bereich der wissenschaftlichen Ausbildung eine große *Flexibilität* garantiert.

Der Abiturient konnte frei wählen, welches Studium er aufgreifen wollte, ohne zusätzliche Studien absolvieren zu müssen. Er konnte zu dem Gelehrten gehen, von dem er sich die größte Förderung versprach. Der Forscher wiederum kann unter einem solchen System, wenn es funktioniert, sich aus einer relativ großen Zahl geeignete Schüler aussuchen und versuchen, sie für eine vertiefte Arbeit in der Forschung zu gewinnen. Das waren in vielerlei Hinsicht *ideale Bedingungen,* um das Ziel zu erreichen, das jedes Hochschulsystem, das der Wissenschaft dient, anstreben muß: nämlich die *besten* Studenten zu den *besten* Forschern zu bringen.

Man muß sich jedoch darüber im klaren sein, daß die Rahmenbedingungen, unter denen dieses System erfolgreich funktionierte, sich bei uns *grundlegend* verändert haben. Das beginnt mit dem Abitur. Das Abiturientenexamen, das die allgemeine Hochschulreife verleiht, garantierte früher — noch in der Zeit der Weimarer Republik — einen einigermaßen gleichmäßigen Kenntnisstand. Davon kann man heute angesichts der verschiedenen Bildungswege, der Vielfalt der Schulformen und neuerdings der den Schülern eingeräumten Wahlmöglichkeiten kaum mehr sprechen. Die Hochschulen können nicht mehr davon ausgehen, daß die künftigen Studenten über ein bestimmtes und gleichmäßig vorhandenes Grundwissen verfügen. Die unausweichliche Folge scheint wir zu sein, daß man eigentlich von einer allgemeinen Hochschulreife *nicht* mehr sprechen kann. Damit wird aber das ganze System des Abiturs und der allgemeinen Hochschulreife problematisch.

b) *Studium*

Ähnliches gilt m. E. auch von der Art und Weise, wie wir in Deutschland versucht haben, das Problem, die besten Studenten zu den besten Forschern zu führen, zu lösen. Auch hier haben sich wesentliche Voraussetzungen verändert.

Da ist zunächst die große Zahl der Studenten, die es immer schwieriger macht, einen persönlichen Kontakt und ein persönliches Verhältnis zwischen Hochschullehrer und Student zu entwickeln. Da ist weiter das Faktum, daß die deutschen Studenten im Gegensatz zu früher kaum noch bereit und vielleicht auch in der Lage sind, die Hochschule zu wechseln. Die Masse unserer Studenten verbringt heute ihre ganze Studienzeit an derselben Universität. Das muß die Chancen, daß gute Forscher und hochbegabte Studenten sich finden, naturgemäß verringern.

Auch die Tatsache, daß wir derzeit *nicht* mehr in der Lage sind, führende Hochschulen oder wenigstens Fakultäten zu entwickeln, die die Standards für Spitzenforschung setzen, muß hier in Betracht gezogen werden.

Die Gestaltung unserer Examina als Abschlußexamina, welche allgemeine Berechtigungen verleihen, hat schließlich auch zur Folge, daß besondere Leistungen, die ein Student während seines Studiums erbracht hat, in den Examensnoten kaum belohnt werden. Ein Jurist, der z. B. eine Fremdsprache spricht und sich mit dem Recht des betreffenden Landes jedenfalls in den Grundzügen vertraut gemacht hat, wird davon im Referendarexamen kaum einen besonderen Nutzen haben. Ebensowenig wird ihm die Tatsache, daß er neben dem Studium eine Banklehre gemacht hat, Vorteile bringen. Alles dies überlassen wir dem freiwilligen Streben des Einzelnen, ohne es zu *belohnen;* damit aber auch ohne Anreize zu geben. Unser jetziges Examenssystem ist also nicht darauf angelegt, Hochleistungen dieser Art zu *ermutigen.*

Alles dies sollte uns veranlassen, unser gesamtes wissenschaftliches Ausbildungssystem zu überprüfen. Es muß den Deutschen zu denken geben, daß wir mit unserer Art der Regelung des Zuganges zur und der Ausbildung an der Hochschule im internationalen Vergleich der großen Industriestaaten durchaus *vereinzelt* dastehen. Es ist bekannt, daß die angelsächsischen Universitäten es stets als ihr Grundrecht betrachtet haben, sich ihre Studenten auszusuchen und den Bewerbern besondere Bedingungen aufzuerlegen. Das System der Eintrittsexamina erscheint den Angelsachsen vollkommen natürlich. Für ein vertieftes wissenschaftliches Studium haben sie besondere Formen entwickelt; das gleiche gilt — wie schon erwähnt — für Frankreich. Aber auch ein so hoch entwickeltes Industrieland wie Japan kennt, insbesondere im juristischen Bereich, ein völlig abweichendes System.

5. Japan

Es gibt in Japan kein Abitur, das eine allgemeine Hochschulberechtigung verleiht. Vielmehr gilt das System der Eingangsprüfung an den Universitäten. Bei den Staatsuniversitäten, denen in Japan ein besonderer Rang zukommt, haben die Bewerber zunächst eine Prüfung abzulegen, die zentral vom staatlichen Prüfungsamt organisiert ist und aus einer Reihe von anonym abgelieferten Klausuren besteht. Das Prüfungsamt besteht aus Universitätsrektoren. Die Aufgaben sind aus den Fächern Mathematik und Naturwissenschaften, japanische Literatur, eine Fremdsprache und aus dem Gebiet der Ethik entnommen. Durch dieses Examen erlangt der Student jedoch noch nicht das Recht, in eine der Staatsuniversitäten einzutreten. Er hat damit nur eine allgemeine Bedingung für die Aufnahme erfüllt. Die Staatsuniversitäten nehmen nunmehr ein zweites Examen ab, das über den Eintritt in die Universität entscheidet. Auch dieses Examen besteht in Klausuren, deren Inhalt von der jeweiligen Universität bestimmt wird.

Nur wer in der Bewertung eine bestimmte Punktzahl erreicht, kann etwa in die juristische Fakultät der Staatsuniversität Tokyo oder Kyoto studieren, den Fakultäten, aus den über 90 % der leitenden Beamten in den japanischen Ministerien hervorgehen.

Die Universitäten legen auch fest, wie viele Studenten sie aufnehmen. Die Gesamtziffer der Jurastudenten der juristischen Fakultät Kyoto beträgt z. B. 1760, die in vier Jahrgänge von je 440 Studenten gegliedert sind.

Der Studiengang ist für die Juristen allgemein so festgelegt, daß sie zunächst zwei Jahre allgemeinbildende Vorlesungen zu hören haben, dem dann zwei Jahre juristische Kurse folgen. Ob dabei ein fest vorgesehener Studienplan zu befolgen ist oder dem Studenten eine größere Freiheit eingeräumt wird, bleibt der einzelnen Fakultät überlassen. Jedoch schließt jedes Jahr mit einer Prüfung ab.

Sehr ausgeprägt ist sodann in Japan das Postgraduate-Studium. Ein Jurist, der wissenschaftlich weiterarbeiten will, *muß* ein Postgraduate-

Studium durchlaufen. Auch hier hat er zunächst ein Eintrittsexamen abzulegen und dann zwei Jahre besondere Kurse zu absolvieren, die ihn zum Magisterexamen führen. Das Doktorat setzt ein weiteres Studium von drei Jahren voraus, das im wesentlichen im Besuch von Seminaren besteht und mit der Ausarbeitung einer Doktorarbeit und einem mündlichen Examen abschließt. Aber auch der Weg zum praktischen Beruf führt über Eintrittsexamina. Es werden drei Berufsgruppen im juristischen Bereich unterschieden:

1. Richter, Staatsanwälte und Anwälte,
2. Verwaltungsbeamte,
3. Diplomaten.

Für den Eintritt in eine dieser Laufbahnen, insbesondere für die Justiz- oder die Verwaltungslaufbahn, ist es notwendig, ein *Eintrittsexamen* abzulegen, das von einer zentralen Prüfungsbehörde organisiert ist und das aus einem Vorexamen, Klausuren und einem mündlichen Examen besteht. Wie scharf hier ausgewählt wird, zeigen die folgenden Zahlen, die für das Zentralexamen der Bewerber im Justizdienst (einschließlich Staatsanwälte und Anwälte) gelten. Es gibt pro Jahr etwa 20 000 Bewerber. Davon bestehen etwa 2000 bis 3000 das Vorexamen, 550 die Klausuren, 500 bestehen das mündliche Examen. Nur jeder 40. erreicht also das Ziel und kann sich bei einer Behörde um die Einstellung in den Staatsdienst bewerben oder sich als Anwalt niederlassen. Dazu muß er vorher aber noch eine zweijährige Ausbildung auf einer besonderen, vom Justizministerium organisierten Rechtsschule durchlaufen und dort ein erneutes Examen ablegen. Auch das japanische System ist daher grundsätzlich auf dem System von selektiven Eintrittsexamina und dem Postgraduate-Studium aufgebaut.

Alles dies sollte m. E. die Verantwortlichen in Deutschland veranlassen, ernstlich zu prüfen, ob nicht auch wir uns diesem System zuwenden sollten.

6. Vorschläge

Indessen braucht für die spezielle Frage, der diese Abhandlung gewidmet ist, dieses allgemeine Problem nicht näher verfolgt zu werden. Hier handelt es sich um das *besondere Problem* der Ausbildung einer Elite im Bereich der staatlichen Verwaltung. Daß hier spezielle Maßnahmen angebracht sind, ergibt sich m. E. schon daraus, daß in einem parallelen Gebiet, nämlich dem der Führung von wirtschaftlichen Betrieben, die Management-Schulen — wie sie in Fontainebleau, Barcelona und London organisiert sind — mit so großem Erfolg arbeiten. Dies zeigt, daß hier im Bereich der Wirtschaft ein besonderer

Bedarf an *zusätzlicher Ausbildung* gegeben ist. Man darf wohl annehmen, daß die Verhältnisse im Bereich der staatlichen Verwaltung nicht anders liegen. In diesem Bereich ist nun mit der Verwaltungshochschule Speyer auch in Deutschland bereits eine Anstalt vorhanden, die in der Lage ist, eine solche Elite auszubilden. Hier ist ein Ansatzpunkt, der fortentwickelt werden kann. Mir scheinen drei Schritte möglich und notwendig zu sein:

(1) der Schule die Möglichkeit einer scharfen Selektion zu geben;

(2) das Aufbaustudium gegebenenfalls auszubauen;

(3) das Aufbaustudium der Schule und die Besetzung bestimmter Stellen in den Zentralbehörden von Bund und Ländern in der Weise zu verknüpfen, daß entweder den Absolventen besondere Anwartschaftsrechte auf bestimmte Stellen eingeräumt werden oder aber ihnen ein schnelleres Vorwärtskommen erleichtert wird. Damit würden Ansporne gegeben, sich dem Aufbaustudium zu widmen.

Ich glaube nicht, daß die föderale Struktur unseres Staates und der starke Aufbau der Selbstverwaltung, der sich nach dem Kriege vollzogen hat, ein Hindernis für solche Maßnahmen wären. Sowohl in Großbritannien wie in Frankreich dient die Eliteausbildung in erster Linie dazu, Nachwuchs für die Zentralbehörden zu schaffen, in denen die politischen Entscheidungen vorbereitet werden. Es wäre also durchaus möglich, eine entsprechende Verknüpfung der Hochschule mit den Bundes- und Länderbehörden zu schaffen. Es gibt ferner bekanntlich auch bei uns das Phänomen, daß leitende Beamte aus den Ministerien in Führungsstellen in der Wirtschaft überwechseln. Auch jene Verbindung zwischen der Ausbildung einer Beamtenelite mit den Führungsstellen der Wirtschaft, die in Frankreich aber in gewissem Umfange auch in Großbritannien existiert, ließe sich in Deutschland herstellen.

Literaturverzeichnis

I. Frankreich

1. Allgemeine Literatur

Birnbaum, Pierre: Les sommets de l'Etat. Essai sur l'élite du pouvoir en France, Paris 1977.

Bodiguel, Jean-Luc: Les Anciens Elèves de l'ENA, Paris 1978.

Frèches, José: L'ENA: Voyage au centre de l'Etat, Paris 1981.

Jarass, Hans D.: Der staatliche Einfluß auf die öffentlichen Unternehmen in Frankreich, in: Archiv des öffentlichen Rechts 106 (1981), p. 403 ss.

Mandrin, Jacques: L'Enarchie ou Les mandarins de la société bourgeoise, Paris 1980.

Quaritsch, Helmut: Eine Schule der Verwaltung: L'Ecole Nationale d'Administration, in: Verwaltungsarchiv 52 (1961), p. 217 ss.

Thuillier, Guy: Regards sur la Haute Administration en France, Paris 1979.

2. Amtliche Druckschriften

(1) X, Ecole Polytechnique, Palaiseau 1978.
(2) X, Laboratoires de recherche, rapport d'activité 1978, Palaiseau 1978.
(3) Ecole Polytechnique, Notice d'Information Juin 1980, Palaiseau 1980.
(4) Ecole Polytechnique, Note d'Information Juin 1981, Palaiseau 1981.
(5) Ecole Nationale d'Administration, Concours d'accès: programmes des épreuves, Journal officiel de la République Française, Paris 1980.
(6) Ecole Nationale d'Administration, Conditions d'accès et régime de la scolarité, Journal officiel de la République Française, Paris 1981.

3. Interne Drucksachen der ENA

Nationale Verwaltungsschule (Ecole Nationale d'Administration): Allgemeine Darstellung und Angaben zu den Lehrgängen.

Ecole Nationale d'Administration: Présentation Générale de la Scolarité, Mars 1981.

Ecole Nationale d'Administration: Règlement intérieur.

Ecole Nationale d'Administration, Direction des stages: Le stage de première année, Avril 1981.

Ecole Nationale d'Administration: Préparation aux concours internes.

II. Großbritannien

1. Allgemeine Literatur

Chapman, Richard A. / *Greenaway,* I. R.: The Dynamics of Administrative Reform, London 1980 (vor allem für die geschichtliche Entwicklung).

Kellner, Peter / *Lord Crowther-Hunt:* The Civil Servants, London 1980 (kritische Beurteilung, wichtig für die Diskussion der letzten 15 Jahre).

Kelsall, R. K.: Higher Civil Servants in Britain, 1955.

Loewenstein, Karl: Staatsrecht und Staatspraxis von Großbritannien, 2 Bde. Berlin 1967.

2. Amtliche Druckschriften

(1) 11th Report from the Expentiture Committee Session 1976—1977. The Civil Service, 3 Vols, London 1977

(2) 12th Report from the Expenditure Committee Session 1977—1978: Response to the Governments Observations on the Committees Report on the Civil Service, London 1979

(3) Governments Observations (März 1978) ... 7117 (betr. Exp. 11).

(4) Report of the Administration Trainee Review Committee. Civil Service Department, 1978
(zitiert: „Review").
Bericht einer von verschiedenen Verwaltungsstellen eingesetzten Kommission, vgl. II. 5.

(5) Report of the Committee on the Selection Procedure for the Recruitment of Administration Trainees. Civil Service Commission 1979
(zitiert: Selection Procedure).
(Bericht der erweiterten Civil Service Commission.)

(6) Civil Service Commission: Annual Report 1978 und 1979.

(7) Appointment in Administration, 1980. Memorandum describing the recruitment of Administration Trainees. Civil Service Commission. (Zur Unterrichtung von Bewerbern gedacht.)

Printed by Libri Plureos GmbH
in Hamburg, Germany